香港治与乱

2047的政治想象

阎小骏 /著

人民出版社

目　录

第 *3* 章 香港人之惑

第 *4* 章 谁掌管香港？

第 1 章

香港的迷茫

香港不平静

2014 年，香港不平静。8 月 31 日，全国人民代表大会常务委员会颁布"关于香港特别行政区行政长官普选问题和 2016 年立法会产生办法的决定"（下称"八三一决定"或"人大常委会决定"），对香港特别行政区行政长官（下称"特首"）的普选制度做出规定。人大常委会决定确认，根据香港基本法第四十五条的规定，香港可于 2017 年实现特区行政首长的首次全民普选。但决定同时亦就选举制度做出三项重要的宪制性规限，即：第一，参加特首普选的候选人须由一个具有广泛代表性的提名委员会提名，而该委员会的人数、构成和产生办法，均应严格遵循 2012 年特首选举委员会的成例；第二，每名候选人均须获得提名委员会全体委员半数以上的支持；第三，最终有资格名列普选选票的特首候选人人数限制在二至三名。这三项重要规定被本地媒体称为"连落三闸"。长期寄望于通过特首普选分享特区管治权力的"泛民主派"大失所望，酝酿已久的"占领中环"行动迅即被转入组织和实施阶段。

9 月 28 日下午，以青年学生为主体的香港示威者在经历了约一周的罢课抗议后，于金钟冲出警察防线，占领了主要行车通道。在警方防线被突破后大约一个多小时内，中环干诺道中全线、金钟夏悫道全线、金钟道东行往湾仔方向的三条行车线、红棉道，以及湾仔轩尼诗道西段及告士打道近演艺学院一带随即被市民迅速占据。占领行动在数日内蔓延至香港和九龙的其他重要商业区，由此开始了香港示威民众对港九核心区域长达七十九天的占领行动。这场占领运动很快被纳入不同的政治话语的对立论述之中——本地的运动参与和支持者称其为"让爱与和平占领中环"；中央和香港特区政府则斥之为在外国反华势力支持和策划下的一场未遂的、旨在"反中乱港"的"颜色革命"。而论述的双方都不约而同承认的一点是："占领运动"的最终发生，的确是香港社会自 1997 年回归中国以来积累多年却未得到重视的各种结构性矛盾的一次总体爆发。

冰冻三尺非一日之寒。就在 2014 年之前的差不多十年之间，北京与香港所共同目睹的是，特区管治中的结构性矛盾不断被各方势力人为地推向激化。从 2003 年国家安全立法失败开始，到 2010 年的反高铁运动，及 2012 年的反国民教育运动的勃兴，再加上形形色色、林林总总的日常抗议活动和例行集会，香港这个昔日的亚洲国际都会俨然已经成为悸动不安的社会运动之都。

2

　　随着政治动荡而到来的，还有内地和香港两地民众之间矛盾情绪的激化。特别是 2003 年之后，由"自由行"政策所带来的大量内地旅客突然出现在香港街头，更使得香港社会和民众猝不及防。加之愈演愈烈的两地"水客"走私活动所带来的一些负面社会影响，在政治矛盾的背景下亦被人为放大，形成了一整套所谓"两地矛盾"的极端论述，甚至连神隐半个世纪的"港独"言论，也在不同的意识形态包装下悄然浮出水面，再露端倪。

　　2015 年 6 月 18 日，香港特别行政区立法会否决了特区政府根据全国人大常委会"八三一决定"拟制并提交审议的 2017 年香港特区行政长官普选方案。香港政治的困局进一步深化，香港未来发展的不确定性剧增，北京与香港社会的政治互信关系亦处于 1997 年以来最不明朗的时刻，被新的乌云所笼罩。任何不故意蒙住双眼的人都不会否认：中华人民共和国的第一个特别行政区——香港——已然在 2015 年的夏天抵达一个历史的十字路口。何去何从，值得思索。

"八一八事件"

　　香港病了，但这个英国的前殖民地、如今由中华人民共和国管辖的特区，其肌体内部的病源似乎一时之间也难以断定。就人类认知而言，了解当下的历史往往是最为困难的。由于缺乏时间和空间上的距离和间隔，一切纷繁复杂的事件初看起来都显得茫无头绪，也难以寻找到合适的逻辑线索给以清晰的解释和说明。如社会学家吕大乐曾评论的那样：

3

　　作为历史，它属于当代，跟作者与读者都缺乏一种距离。它的问题倒不在于是否时间尚早，未能盖棺论定，而是很多事物、经验、记忆依旧新鲜，还在人们的脑海里（因此每个人都有他的说法），令人以为自己心中亦有答案，欠缺一种对历史的好奇。[①]

香港这个特殊之城的政治困局则比一般当代史的层次来得更为丰富——主权体认的困难、国族认同的歧异、社群心理的扭曲、经济体量的鸿沟、互信基础的缺失、权力关系的异化、外国势力的涉入、未来前景的晦暗，以及内地与香港之间长期以来对彼此形象的"妖魔化"等种种前日之因相互交织，造就了今日香港困局之果。此时，若寻找一个历史最关键的节点，取其断面，或者多少可以给有心人以相当的启示。2011 年 8 月 18 日在香港大学发生的"八一八事件"，恰正提供了这样一个了解当前香港政治的截面。

　　2011 年适逢香港大学建校一百周年。百周年大庆对于任何高等学府而言都是一个极有意义的纪念日。香港大学自不例外。但更为重要的是，在 1997 年香港回归祖国后，作为前港英殖民统治秩序的重要组成部分，这所拥有由英国纹章院颁赐校徽的百年学府正面临着严重的身份危机。回归之后的港大究竟是香港的？中国的？还是世界的？如何确定港大在新的政治秩序中的位置？而北京又会如何对待这所在全世界主要大学排名中均

[①]　吕大乐：《那似曾相识的七十年代》，中华书局（香港）2012 年版，第 5 页。

名列前茅，但却是由异族统治者创建和发展起来的殖民地大学？这些问题的答案将直接决定港大未来的政治地位和发展方向，京港各界都对此拭目以待。

中国政治讲究"格"——规格体现了一个机构或个人在中国政治体系中所享有的待遇和地位。中国政府对于大学的百年校庆有既定的处理规格。为中国培养最精英人才的两所最高学府——北京大学和清华大学——自然享受特权。被俗称"两校"的北大（1998 年）、清华（2011 年）百周年校庆，官方活动均包括最高领导人亲临校园致贺、在京中共中央政治局常委悉数出席盛大庆典、中央电视台向全国现场直播庆典实况及当晚的专场庆祝文艺晚会，以及国家邮政局发行纪念邮票等殊荣。京外最高级的国立大学获得的规格则略有减杀，但至少包括最高领导人致贺信及一名中央政治局常委出京参加庆祝大会，中国邮政亦间或会为个别京外大学百年校庆发行邮票以资庆贺。

但 2011 年香港大学的百周年庆典则是一个尚无前例的情形。港大自2011 年 5 月起就开始筹划邀请一名国家高级领导人出席百周年校庆，主要目的之一显然是要明确港大在新的主权体系和国家高等教育版图中的地位。就北京而言，港大尚属一所"体制外"的大学，但因位处中国境内又学术声誉崇高，给予其何种待遇既是对港大地位身份的初步确定，亦是北京作为主权者对于香港上层知识文化界，乃至香港社会的一次重要的政治表达。兹事体大，不可不慎。

北京最后给出的安排是"一国两制"之下的创举。中央政府决定委派由时任中共中央政治局常委、国务院副总理的李克强率领高级政府代表团亲临港大致贺，并出席港大的百周年庆典。代表团成员包括国家主管教育的最高官员、教育部部长袁贵仁以及多位部长级官员。就北京的原意而言，这一精心安排的访问原本是中央政府向香港大学——以至香港的知识界和高等教育界——释放政治善意的方式。第一，在中国政治体系中，派出中央政治局常委出席京外高校的庆典，就规格而言仅保留给国家的最高级学府。特别是李克强作为明确内定的国务院总理职务继任人，"准总理"到访的意涵在北京看来更是不同寻常。在中国的政治话语中，北京给予港大百年校庆的待遇虽不及身为巍巍上庠的北京大学和清华大学，却等同甚至略高于其他京外一流的国立高等学府。这一安排就其本意而言，原是为香港大学在中国高等教育序列中的地位起到"定调"的作用，背后的意义不可谓不深刻。

第二，李克强在港大百周年校庆庆典上正式宣读讲词时专门安排了一段英文演讲，这一做法对于国家级领导人来讲是不常见的。北京试图藉此表达中央政府高度尊重港大作为中国领土上一所世界知名的英文大学的诚意，也是对北京在香港高等教育界切实贯彻"一国两制"方针的一次重申和确认。

第三，李克强在到访港大时宣布，中央政府将设立专项财政资金，每年支持一千名港大学生和教师赴内地学习、考察、开展科研项目。在北京看来，这个计划一方面固然是延续其对港工作中一贯的"送大礼"思路、希望通过为港大提供政策利好来拉近彼此的距离；但更重要的意义恐怕在

6

于，北京希望透过这一特别项目来表达中央政府接纳和鼓励香港大学以中国顶尖高等学府的身份逐步进入国家高等教育图景的态度。

因此，对于这一场内涵深刻、规格特殊、历史和现实意义重大的政治活动，中央和特区政府都给予了高度重视。在李克强到访前夕，特区政府从行政长官到政务司长再到警务处长都曾亲自到港大检查活动现场。副总理访问当日，港府史无前例地派出大量警力进驻校园协助大学开展安保工作，中央电视台在活动当晚的《新闻联播》节目中，对港大的百周年庆典以及李克强的访问予以重点报导——亦算得上是香港回归后港大在中国官方舞台上的超规格亮相。在官方的台本和政治传播计划里，李克强的来访始终是被北京设计和定调为表达中央政府对香港知识界的善意，并藉此加强同香港高校相互联系的重要活动。

然而，香港社会对北京所试图表达的政治善意，似乎完全没有领情；很快，香港学界和媒体便以中央政府始料不及的方式作出回应。如果说李克强访问校园当天，港大学生李成康等三人与警方和校方就示威方式问题发生的摩擦尚在预料之中的话，那么整个事件在访问结束之后的继续发酵，以及被本港媒体不断放大则超越了北京可以理解的底线。香港媒体就李克强副总理来访的有关安排发出的质疑主要集中在三点：第一，质疑者认为港大为李克强安排的是校监专用的座椅，矮化了同场出席庆典的香港特首作为港大校监的固有地位。第二，质疑者认为前香港总督卫奕信(David C. Wilson)获邀参加庆典，却被安排于主席台第二排就坐，是矮化了这位前殖民地高级官员、港大前校监的地位。第三，质疑者亦认为在访问

7

当天，特区政府在校园过分配置了警力，并对试图示威的港大学生李成康等三人进行了不正当的禁锢。

这三项质疑触及特区与中央的关系、香港与前宗主国的关系，以及特区政府与香港公民社会的关系这三个回归后最为敏感的政治议题，立即引起轩然大波。一时间，在媒体和"有心人士"的推波助澜下，整个事件被不断加温，以至于时任港大校长的徐立之教授不得不在典礼当日亲自接受学生的抗议书，并在数日后以站姿参加长达两三个小时、由学生和社会人士组织的校园声讨集会。尽管由校方组织的调查委员会所公布的报告以详尽的事实否定了媒体的相关政治指控①，心灰意冷的徐立之仍宣布不寻求连任港大校长，并于 2014 年 3 月黯然落台，成为"八一八事件"的最大牺牲品。

前尘后际

香港大学百周年校庆，本来是北京向香港知识界和香港社会释放善意的一次重要政治行动，但结果却被扭曲成又一次京港矛盾和冲突的源头。为什么好事居然变成了坏事？"八一八事件"的发生，虽部分属于历史的偶然，但也同 1997 年后香港政治所具有的极其复杂而又特殊的社会心理

---

① 调查报告第 8.6 段提出，"没有证据表明在香港大学组织庆典过程中（包括座位编排）曾有任何外部力量（包括特首办、中联办或其他任何内地官方所门）向校方施加了不适当的压力。"参见 http://www.gs.hku.hk/rpanel/Report.pdf。

背景密切相关。要探究今日香港政治困局的前尘后际，不妨从了解这一奇特的心理图景入手。

1997 年香港回归之后，在这块中国领土上生长和生活的不少人仍然对中国主体政治秩序秉持疏离、怀疑乃至敌对的集体态度，并试图将这些情绪和立场以社会教育、学校教育和同侪教育的方式传递给香港的年轻一代，所憧憬的是在"一国两制"所提供的政治空间下，将香港保留为足以抗拒中国的管治与影响力的避风港，在中国国土上构建出一个政治的"异邦"。抛开某些具有自身特殊利益考虑的政治势力不谈，不可否认的是，对中国内地存在的或多或少的疏离感、恐惧感甚至排斥感，仍然是回归之后香港社会各阶层相当普遍存在的现象。香港社会中弥漫的对中国主体政治秩序及其影响力的怀疑和抗拒情绪，是香港一切政治困局和乱局背后最基础性的社会心理背景，也是"八一八事件"之所以发生的深层原因。

要彻底探究今日香港所面临的政治困局，则须从了解香港社会特殊的集体心理状态出发，梳理以"抗中""拒中"甚至"反中"为特征的集体心理得以形成和蔓延的诸种肇因。肇因之一，是 1997 年香港回归中国后，香港社会的身份认同危机问题始终未能得到解决。香港（及九龙、新界）自十九世纪中叶被清廷陆续割让和租借给英国后，作为居住在英国殖民地上的华人，香港华人社会的身份认同经历了长期的混沌和失序状态。在殖民地制度之下，香港华人既非处于中国政府治下，又非百分之百的英国臣民，其国家认同一直处于真空之中。尽管在文化上，香港社会同中国内地有着密不可分、千丝万缕的联系；但在殖民地政府和社会上层精英的倡导下，全社会仍然受到欧风美雨的浸染，长期存在着强烈的仰慕和崇尚西方的集体情结，缺少与西方世界平等交往的经验。同时，二十世纪以来，港英殖民地政府亦有意加强香港社会对中国母体（特别是政治母体）的排斥与疏离感，加上香港同内地之间在过去一个多世纪客观存在的经济落差，使得香港人的身份认同一方面被人为地从中国体系中剥离，另一方面又未能被彻底融入其他政治认同体系（如英国体系）。加之英国殖民者长期宣传的所谓"借来的时间、借来的土地"（borrowed time, borrowed space）之概念，亦令香港华人在相当长的时间内具有与生俱来的漂泊感，长期未能建立起属于自身的政治认同体系。1997 年香港回归之后，这种由于政治上国家认同的缺失、文化上民族认同的困难以及对自身前途的担忧相互叠加而造成的身份危机就显得格外严重。

肇因之二，是香港内部的社会经济结构性矛盾被投射到"一国两制"的框架，特别是中国内地与香港的关系问题上。从某种程度上说，北京在 1997 年以来充当了香港内部结构性矛盾的真正制造者与受益者的"替罪羊"。香港最主要的结构性矛盾是极少数大商人控制了香港的经济命脉，通过房地产绑架本地中产阶级，并以其庞大的经济势力利诱并俘获了香港的不少地方政治人物。英国和中国政府在过去或明或暗地支持或者认可了香港这一十分畸形的政商经济结构。就港英政府而言，少数本地商人的崛起有利于简化其对华人社会的管控；就中国政府而言，与占据垄断和主导地位的少数大商人搞好关系成为保证香港主权转移能够顺利完成的一个政治捷径。无论如何，如果做好极少数本地工商业巨子的工作就可以影响和带动整个社会的话，对于主权者来讲自然是性价比极高的理性选择。但是，极少数大商人控制的经济结构，必然导致社会财富分配的极大不平等，以及北京试图给予的经济利好和香港本地的发展成果为大商家所垄断而难以惠及普罗大众。所以，一方面，在主权者的默许下存留下来的这种畸形的社会经济结构导致普通民众产生巨大不满；而另一方面，在由大商人控制的香港主流媒体的长期煽动下，民众往往把自己对不平等、不正义的内部经济结构的愤怒投射到"一国两制"和中央政府身上。这种愤怒情绪成为香港回归后的政治困局的主要乱源之一。

肇因之三，是香港社会与中国政治母体之间的长期沟通不畅和政情的严重隔膜。香港与内地之间长期的隔绝与疏离，造成了香港社会对中国政治母体的思维方式、话语体系和政治逻辑不甚了解，两地之间公开有效的沟通渠道也极为缺乏，导致香港社会对中国政治母体的国情与政情产生严重隔膜。这种隔膜普遍存在于香港社会各阶层、各政团。政治上左、右、中各方都是根据自己对中央政府和中国政治的极为模糊的、常常不正确的印象和揣测而作出政治判断和采取行动，其效果自然可想而知。实际上，自回归以来，香港社会与北京之间在几乎所有重大问题上都表现出严重的沟通失灵。香港社会无法用能够得到北京理解和同情的方式准确表达出自己的诉求，北京也感觉无法用惯常的方式既含蓄又有效地表达自己的观点。彼此的隔膜加上沟通的不畅，使得 1997 年以来的香港与北京的政治互动始终呈现"自说自话"、"鸡同鸭讲"的可悲状况。双方的激烈冲突和生硬碰撞代替了灵活的谈判和有效的沟通，成为香港乱局的又一原因所在。

肇因之四，是香港政治文化中对中国政治母体形象的长期深入人心的妖魔化过程，在 1997 年之后更为加重。这其中既有两地在二十世纪相当长一段时间内经济和生活水平落差的因素，也有英国及香港本地媒体长期的炒作和"有意"诱导的成分在内。总体来讲，香港的本地话语对于中国这个政治母体的描画往往是脱离事实的妖魔化，而对于英国殖民者则是给予同样超出事实的拔高和美化——这种反差在香港中上层精英群体的政治心理中体现得更为普遍。虽然中国内地不少大都市同样存在地域优越性的传统心理，但香港的类似情绪则更为极端，往往表现为以中国身份认同为耻。英治时期由于种种历史机缘巧合而造就的香港经济奇迹，更为香港人带来了面对中国政治主体秩序时特有的历史优越感。

肇因之五，是香港社会与中国政治母体之间长期以来的互信严重不足。香港在过去一个多世纪的时间里，作为外来权力管治下的土地，孤悬于中国的政治体系之外，本身就与主体政治秩序之间存在着天然隔阂。在长期的分离、分治状态下，香港的政治文化、政治话语与政治精英都早已不属于中国本土治理体系的一部分。无论是二十世纪的国民党还是共产党政权，对于香港而言皆属政治上的"他者"，而香港在中国本土政权眼中则是陷于南方一隅的化外孤城。这种相互剥离，造成了香港社会同中国本土政治秩序之间彼此相安无事则易、而建立和维持互信则难的状况。香港社会精英从上到下对于中国本土的政治体系既不了解也不熟悉，亦没有太大动力去加深认知，结果造成了长期以来两者之间几乎没有任何可资依赖的信任关系。1997 年回归后，香港本地精英人物也囿于眼界所限，未能及时预见到香港作为政治边陲与中央权力的互信不足所可能带来的灾难性后果，在构建互信问题上延宕了时机。这一问题在本书后面的章节还会详细讨论。

　　肇因之六，是历史上香港与中国内地之间在经济发展和公共管理水平上曾经存在的落差，造成了香港人对中国内地社会的整体性歧视和排斥。这种历史造就的畸形的相对关系，又通过社会教育、家庭影响和同侪互动而一代代延续下来，成为香港社会所共享的集体记忆。即便世易时移，香港与中国内地的相对经济关系和权力关系在今天已经发生了翻天覆地的变化，但这种脱离时代的集体记忆不但很难从香港社会中被抹去，甚至进一步加深，成为一部分香港人对中国内地的抗拒、敌对和扭曲交织在一起的、极其复杂的心理状态的源头。这样的历史遗产由于与现实极端脱节，所以当它以各种形式在香港之外的公众媒体上被表达出来的时候，会显得十分可笑；但在本地社会，这种特殊情绪对香港政治产生了十分微妙而显著的影响。事实证明，这种以脱离时代的优越感为基础的集体心理，对回归之后的香港社会在政治上的顺应和调适是极为不利的情绪负资产。

回归的与未回归的

　　1997 年 6 月 30 日的午夜，英国的米字旗在香港会展中心新翼的香港回归典礼上缓缓落下；7 月 1 日零时，在"义勇军进行曲"的旋律中，五星红旗在这块曾脱离中国一个多世纪的土地上缓缓升起。香港已经不可逆转地回到中国的版图。但五星红旗在香港的升起，并不意味着这个 1104 平方公里的特别行政区被简单同化到国家既有的管治体系和政治秩序之中。

根据邓小平制定的"一个国家、两种制度"的基本方略，香港原有的社会、经济和法律制度被暂时以"急冻"的方式存留下来。据此，中国政府在香港实行了一整套特殊的管治措施，被精炼地概括为"一国两制"、"港人治港"、高度自治的十二字方针。这一整套特殊措施由全国人民代表大会通过《中华人民共和国香港特别行政区基本法》固定下来，成为香港回归中国之后的基础性法律框架。1997 年 7 月 1 日之后的香港，从英国治下的殖民城市成为了中国特殊的政治边陲。

回归之初，北京对香港这个新近加入国家政治大家庭的特殊边陲之地采取了政治上优容、经济上扶植和社会及文化上区隔的管治办法。就政治而言，中央政府主要依靠香港本地的上层社会以及港英所培养的公务员队伍，通过特区政府进行间接管治，力图在保持总体运作连续性的基础上为香港的繁荣和稳定提供政治和法治保障。另一方面，北京对香港地方事务采取了最低程度的干预。除涉及核心主权的事项外，基本完全放手由特区政府和特区精英阶层自行管理、自我服务。北京领导人将此办法形象地总结为"井水不犯河水、河水也不要犯井水"。因此，香港的政治发展脉络从特区初创开始就保持了相当的独立性——这既为回归之初香港得以保持平稳过渡创造了政治条件，也为后来香港管治中即将发生的一系列矛盾和问题埋下了伏笔。

就经济而言，回归之初，北京把保持香港的繁荣与稳定作为对港工作的中心任务。在庆祝香港特区成立的文艺汇演上，时任国家主席的江泽民赠送给特区首任行政长官董建华"香港明天更好"六个字的书法，被普遍看作是北京对香港在回归后保持繁荣的庄重承诺。同时，为了不给"一国两制"的落实造成冲击，北京在社会交往和文化交流两方面均对回归后的香港保持甚至加强了原有的区隔措施。就社会层面而言，香港和内地之间关于人员往来的控制办法一仍其旧，特别行政区与广大中国内地之间的行政边境得以维持下来，出入境手续不变。在文化上，尽管二十世纪八九十年代，香港的小说、电视、音乐和电影等文化产品在内地风靡一时，影响了整整一代青少年，但北京对于特区在政治上对内地可能产生的潜在影响仍给予高度警惕。通过所谓深港"一线"这条实在的行政边境线，北京把香港在政治话语权上对内地可能施加的影响关闭在罗湖桥以南。这种精心保留下来的社会文化区隔，对于北京在 2014 年得以在没有后顾之忧的情况下策略性地处理"占领中环"行动实在有着莫大的影响。

在保持香港政治、社会及文化延续性的问题上，北京的立场是一贯的。早在 1995 年，中共中央政治局前常委李瑞环就曾用紫砂壶的比喻阐释过北京的想法。在当年 3 月举行的全国政协港澳委员小组会上，李瑞环即兴讲了个小故事：

有位穷老太太去市场卖祖传的一把宜兴紫砂小茶壶，起码有 200

年历史，以后就算不加茶叶，水中也会有茶香，是件好东西。有人愿意以三两银子的高价购买。岂料老太太觉得茶壶太旧，不好意思要这么多的钱，就用水反复清洗了。买主回来一看，里面的茶垢全洗干净了，便说，就是 5 钱银子也不值了。

一位内地作者进一步解读道："当时是我国和英国就香港政治体制争论最激烈的时刻，李瑞环同志用百年宜兴紫砂壶来比喻香港，寓意极为深刻：不要妄洗'茶垢'，最后导致香江失去特色，要找最理解香港优点的人来管理香港。"① 总之，在回归之初，北京在香港问题上总的方针显然是：在保持香港与中国内地之间适当区隔的条件下，放手港人治港，全力落实香港特区之"特"，以顺利实现主权回归，并保证回归之后香港的经济繁荣和社会政治稳定。

北京在香港回归之初的一系列政策，突出强调在新的"一国两制"框架下"两制"的成分，但却或多或少、有意无意地回避了这个框架中同等重要的"一国"成分。北京这一政治上的策略性取态一方面保证了香港回归祖国的历史进程得以体面而稳妥地完成，但另一方面也推迟了香港在政治主权、经济主权和社会认同等层面上全面和彻底回归中国的进程。从一定意义上说，香港特别行政区并未如同北京原先设想的那样，在回归后积极地以中国大家庭中特殊政治成员的身份加入全国性的政治生活之中。香

---

① http://www.people.com.cn/BIG5/wenhua/1088/2795170.html.

港的回归，迄今为止仍然是不完全的回归。1997 年后香港的不完全回归状态主要体现在下述四个方面。

第一，北京在港的管治权威始终未能完全确立。尽管通过 1997 年中国对香港恢复行使主权这一标志性的历史事件，香港各界已经形成了英国公开的殖民主义管治秩序已经结束的政治共识，但对于香港的管治秩序和权力结构的新的共识却迄今尚未形成。回归后，京港双方在香港政治的实际运行当中往往对特区的独特性强调较多，而对北京在香港的管治权力强调较少，在某些情况下为避免刺激香港社会，还有意回避中央在港权力的问题。北京对于"港人治港"、高度自治的方针也一直采取模糊策略，没有划出明确的边界和底线，使得香港社会普遍认为高度自治就是指除了国防与外交事务之外，一切跟香港有关的事情都应该由香港人自行决定——这显然与北京的初衷有相当大的落差。这些情况造成了回归以来，在"一国两制"框架下香港的自主性被人为夸大，而北京认为自己应享有的管治权则被人为抗拒和设限，北京作为主权者的政治权威始终未能完全建立起来。代表中央政府的政治标志在香港不但未能获得应有的尊崇，香港社会少数人反而以公然侮辱普通话、简体字、内地游客甚至中国国旗的方式，作为他们否认和抵制北京政治权威的最新手段。这一情况与港英时期香港本地居民普遍对代表英国殖民者政治标志物所持有的驯服和仰慕的态度构成鲜明对比。

第二，回归以来，代表北京的声音始终没有在香港的社会舆论中占有一席之地，在香港的政治话语和政治议程设置中，北京也基本不掌握主动权。在现代政治生活中，话语权（discursive power）和政治"议程"设置权（agenda setting）是两项重要也是基本的管治权力；而在香港政治中，北京于此两方面都始终处于极为被动的局面。在香港，代表北京官方声音的《大公报》、《文汇报》等报刊往往被本地社会标签为"左报左刊"，遭到长年累月的丑化和妖魔化，无法在舆论空间取得任何主导地位。在政治议程设置上，香港的本地政治力量、本地媒体往往可以通过制造新闻和发动社会运动，不断设置甚至制造香港社会的关注议题，而港府乃至中央政府往往只能被动应对，鲜有接招能力（遑论政治上主动出击）。话语权和政治议程设置权上的不平衡，使得北京对香港的管治缺乏社会舆论基础，举步维艰。

第三，香港本地的政治经济精英阶层尚未完全建立起对于北京作为主权者的政治忠诚和归属感。本身以"永久反对派"面目出现的香港泛民主派自不必说；但即使是本地建制派人士，不少也不过是把北京作为一个"优势外来权力"——他们既未把自身看作是北京政治体系的一部分，也对北京在香港的管治意图和权力没有兴趣、渠道和相应的知识储备进行深入了解。再加上站在某些政党和政治势力身后的香港工商业富商对于北京的管治权采取"脚踏两只船"的虚与委蛇态度，亦大大助长了香港政治界的本地意识，以及排斥北京的利益关切和管治意图的底气。总的来说，本地不少政治人物目前尚对北京采用极为短期、现实、投机的观点和方法来处理彼此关系，纯粹的趋利主义和机会主义仍然是香港本地政治社会的主要特色。这种缺乏深层认同感和归属感的权力关系显然欠缺扎实的政治基础，不可能有利于香港的长治久安。

第四，香港社会运动的不断激进化和"港独"势力的泛起对香港特区的管治构成新的干扰。从六四"维园晚会"到七一游行，从抗议人大释法行动、反高铁运动、反国教运动一直到"占领运动"，香港社会在回归后发动的针对中央和特区政府的众多社会运动不断被激进化，甚至"港独"这一从来都未曾进入香港社会主流论述的"异端"思潮，也开始逐渐在年轻一代中获得越来越多的听众，成为香港社会当前最吸引眼球的政治话题之一。本地社会运动也从早期的小规模、单一议题抗议活动，发展为当前的大规模、总体性、全面同北京和特区政府进行对抗的新型社会运动。新型社会运动不再以一时一事为依归，而是从基础层面反对和抵制北京对香港的主权和治权，谋求建立属于香港本地的身份认同以及独立的政治实体。2015 年 6 月 4 日，香港几所大专院校学生会的代表在维多利亚公园举行的晚会上焚烧基本法，就反映了这一思潮已经初步走上本地政治舞台。这种泛化、激进化和"独化"的社会运动，对于香港社会与北京之间政治合作和政治互信的杀伤力非常巨大，其负面影响势必随着时间的发展而逐渐显现出来。

1997 年，港英政府殖民统治的结束和香港特别行政区的成立，标志着香港在名义上回归祖国。但这一历史性事件仅仅完成了香港这个昔日的东方之珠在领土、防卫、外交和宪法认受性上对中华人民共和国的复归；在更广泛的层面上，香港与中国主体政治秩序的整合过程则显得极为漫长和困难。所谓的"求大同、存大异"并未发生。中央在香港的管治权威尚待建立、港府的施政能力尚待加强、本地政治精英对北京的政治忠诚尚待确立、中央和特区政治体系之间的相互调适机制尚待巩固、香港社会大众心理抗拒中国内地的问题尚待解决——这些方方面面的情况都决定了香港回归目前还只是进行时，远非完成时。

破解困局

香港回归之后所逐渐展现出来的政治困局，从一定意义上说是在北京意料之中的。邓小平在 1987 年会见香港基本法起草委员会委员时曾讲过一段著名的话，不妨全引：

> 切不要以为香港的事情全由香港人来管，中央一点都不管，就万事大吉了。这是不行的，这种想法不实际。中央确实是不干预特别行政区的具体事务的，也不需要干预。但是，特别行政区是不是也会发生危害国家根本利益的事情呢？难道就不会出现吗？那个时候，北京过问不过问？难道香港就不会出现损害香港根本利益的事情？能够设想香港就没有干扰，没有破坏力量吗？我看没有这种自我安慰的根据。如果中央把什么权力都放弃了，就可能会出现一些混乱，损害香港的利益。所以，保持中央的某些权力，对香港有利无害。大家可以冷静地想想，香港有时候会不会出现非北京出头就不能解决的问题呢？……总有一些事情没有中央出头你们是难以解决的。中央的政策

是不损害香港的利益，也希望香港不会出现损害国家利益和香港利益的事情。要是有呢？所以请诸位考虑，基本法要照顾到这些方面。有些事情，比如一九九七年后香港有人骂中国共产党、骂中国，我们还是允许他骂，但是如果变成行动，要把香港变成一个在"民主"的幌子下反对大陆的基地，怎么办？那就非干预不行。干预首先是香港行政机构要干预，并不一定要大陆的驻军出动。只有发生动乱、大动乱，驻军才会出动。但是总得干预嘛！①

邓小平的做法是适当的。在香港回归之前，邓小平就已经清楚地为将来的特别行政区的政治生活划出了清晰的、不可逾越的"红线"——亦即北京对港的政治底线。这一政治底线，如果结合邓小平在另外两次谈话中所阐述的观点，就形成一个比较清晰、完整和系统化的论述。1984 年，邓小平在接连会见香港工商界访京团和政治人物钟士元时，特意针对未来香港特区的管治人才问题指出：

> 港人治港有个界线和标准，就是必须由以爱国者为主体的港人来治理香港……什么叫爱国者？爱国者的标准是，尊重自己民族，诚心诚意拥护祖国恢复行使对香港的主权，不损害香港的繁荣和稳定。②

---

① 《邓小平文选》第三卷，人民出版社 1993 年版，第 221 页。
② 《邓小平文选》第三卷，人民出版社 1993 年版，第 61 页。

当年国庆节，邓小平在会见香港观礼团时又针对未来特区的政治发展和可能的变革专门讲了一段具有高度预见性的话。他说：

> 变也并不都是坏事，有的变是好事，问题是变什么……如果有什么要变，一定是变得更好，更有利于香港的繁荣和发展，而不会损害香港人的利益。这种变是值得大家欢迎的。如果有人说什么都不变，你们不要相信。我们总不能讲香港资本主义制度下的所有方式都是完美无缺的吧？……把香港引导到更健康的方面，不也是变吗？向这样的方面发展变化，香港人是会欢迎的，香港人自己会要求变，这是确定无疑的。我们也在变。①

邓小平的这三次重要讲话，在中央对港管控底线、治港人才选拔和香港未来变革这三项当前最关键的政治议题上提出了系统性的底线，也为未来的香港特区政府划出了清晰的行为界线。这三者所构成的论述体系，应当被视作一个完整的政策表述，对今天香港政治的发展仍然具有高度现实性和针对性。

香港问题发展至今，种种的症结集中于三个主要方面：其一，香港社会无法从历史优越感中解脱出来，直面中国崛起的新现实。这种巨大的心理落差以不同形式呈现在政治层面，其中一些会异化为极端的"反中"情

---

① 《邓小平文选》第三卷，人民出版社 1993 年版，第 73 页。

绪并激进化为"港独"思潮，严重妨碍了香港社会在保持自身独特性的同时与北京建立政治信任的可能性。其二，香港社会对"一国两制"和基本法的认知存在过高想象，对香港在"一国两制"的安排下所享有的高度自治怀有不切实际的期望。其三，北京为了保证香港顺利回归而采取的一些政治上优容、经济上扶植的政策，也使部分香港精英人士形成了"会哭的孩子有奶吃"的印象，甚至在行为上形成了动辄以香港的繁荣稳定为要挟向北京予取予求的习惯模式。这种以做生意心态搞政治的做法，是香港政治界的积弊，与中国的政治文化不甚吻合。这三个问题集中到现实政治层面，所制造出的困难和离心力是相当显著的。要突破香港目前面临的政治困局、改善特区的管治和政府施政，关键节点仍在于要在政策话语和政策行为两方面，对"一国两制"正本清源，有效管理香港社会的政治期望，真正建立起北京与香港之间的政治互信，以促进香港高度自治健康有序发展，并确保香港作为中国境内的国际自由港和世界一流都市的特殊地位。

待解之惑

十八年虽然已经过去，但所有曾亲身经历盛况的首都居民应该都还记得 1997 年 7 月 1 日凌晨那声震九城的礼炮声。在官方媒体看来，隆隆礼炮声不仅洗刷了笼罩在现代中国头上的百年屈辱史，而且意味着共和国的重要成员——香港——在近一百年的离散后终于回到了由五十六个民族组成的大家庭。洋溢在人们脸上的是发自内心的喜悦。然而，2014 年发生的"占领运动"让所有关心香港前途和命运的人心头重新布满疑惑和忧虑的乌云。

1997 年，中华人民共和国对香港恢复行使主权，重建了香港特别行政区完全从属于中国的领土地位，英国殖民地政府彻底停止管治和自身运作。英国驻香港的军事力量完全终结了使命，中国人民解放军全面接管了香港特区的防卫勤务。中国外交部代表中央人民政府接管了涉及香港的外交事务，并依照国际条约和中国国内法对驻港外交领事机构、国际机构的代表机构行使完全的驻在国权力及承担驻在国应承担的义务。就香港本地政治而言，中央政府主导建立起了基本的政治和宪制认受性基础，特区政府架构也按照中央政府意图和基本法规定的架构完成组建并投入运作。从领土主权、防卫主权、外交主权和政治认受性四个方面来看，香港通过 1997 年的回归，完成了基本政治秩序的初创工作，为 2047 年之前香港特别行政区的有效管治奠定了基础。

但是，1997 年主权意义上的领土复归并未能解决香港在后殖民地时期政治生活中浮现出来的新旧问题。这些有待回答和解决的问题构成了 1997 年后至今，甚至直至 2047 年之前香港管治所面临和需要处理的主要挑战。为何 1997 年之后香港社会政治心态的调适和政治认同的建立面临如此巨大的困境？为何 1997 年以来北京始终未能在香港建立政治权威，而特区政府施政亦举步维艰，困难重重？为何香港本地精英阶层对北京的政治忠诚始终未能确立？为何香港与祖国内地正常的政治、经济、社会和文化交流与联系总是被人为设置障碍，甚至被妖魔化？为何"一国两制"

中的两种管治系统迄今未能形成有效的磋商、对话与沟通的管道和机制？为何香港的社会运动一再激进化、在"反中"、"抗中"和"拒中"的道路上日行日远？为何香港社会的"人心"在多年以来不但没有回归，反而在中国对香港恢复行使主权十八年后变得更加焦躁及不理性？今天的香港政局中，还有许多难以尽数的类似问题需要回答。

　　这些香港管治中的待解难题，其形成既有历史根源，又有现实原因；既涉及社会基础层面的结构性动因，又有政策互动过程中的人为因素，也不排除历史偶然性（historical contingency）的影响。本书将对这些问题进行深入剖析，与读者一道探讨香港政治之所以陷入今日之困局的原因，并寻求解决之路径。一个与国家主体政治秩序离散多年的现代都市，要重新整合进政治主体的制度体系和宪法秩序，同时又要保持自身的独特性，这本身恐怕就是人类历史上最宏大和最艰深的政治难题之一。这难题，终究需要北京和香港一起努力才能给出最好的解答。

第 *2* 章

治乱一念间

实践中的"一国两制"

"一个国家、两种制度"原本是中国共产党领导人为解决台湾统一问题而提出的战略设想。1949 年国共内战结束后,中华人民共和国在北京成立,而原国民党政府则播迁台北,由此开始了两岸长期分治的局面。到二十世纪七十年代末八十年代初,当中共领导人在考虑实现中国大陆与台湾的和平统一问题时,毛泽东时代所提出的"解放台湾"的口号被逐渐搁置,而在祖国统一的大前提下保留台湾原有的制度和生活方式这一思路逐渐成为可行的选项,并在中国共产党领导层中形成了一定共识。

1978 年 10 月 8 日,国务院副总理邓小平在会见日本文学评论家江藤淳时提到:"如果实现祖国统一,我们在台湾的政策将根据台湾的现实来处理。比如说，美国在台湾有大量的投资，日本在那里也有大量的投资，这就是现实，我们正视这个现实。"[1] 同年 11 月 14 日，邓小平在与缅甸总统吴奈温的会谈中谈到台湾问题时表示："在解决台湾问题时，我们会尊重台湾的现实。比如，台湾的某些制度可以不动，那边的生活方式可以不动，但是要统一。"[2]1981 年 9 月底，全国人民代表大会常务委员会委员长叶剑英在向新华社记者发表的谈话中更具体而微地阐明了中国领导人的这一战略构想。叶剑英指出：

> 国家实现统一后，台湾可作为特别行政区，享有高度的自治权，并可保留军队……台湾现行社会、经济制度不变，生活方式不变，同外国的经济、文化关系不变。私人财产、房屋、土地、企业所有权、合法继承权和外国投资不受侵犯。[3]

1982 年 1 月，邓小平进一步表示："'一个国家，两种制度'，两制是可以

---

[1]　中国和平统一促进会：《中国政府对台方针政策的历史沿革（二）》，《统一论坛》2011年第 3 期。

[2]　张岂之、杨先才编：《中国历史：中华人民共和国卷》，高等教育出版社 2001 年版，第 268 页。

[3]　叶剑英：《关于台湾回归祖国，实现和平统一的方针政策》，摘自《叶剑英选集》，人民出版社 1996 年版，第 564 页。当年的港英政府行政局首席议员钟士元后来回忆说，港英立法局和行政局对叶剑英的讲话进行研究后，发现讲话中的部分内容对于解决香港问题有重大关系。钟士元：《香港回归历程：钟士元回忆录》，香港中文大学出版社 2001 年版，第 26 页。

允许的，他们不要破坏大陆的制度，我们也不要破坏他那个制度。"①翌年
6 月 26 日，时任中国共产党中央军事委员会主席、中央顾问委员会主任
的邓小平在会见美籍华裔政治学教授杨力宇时则再度重申：

> 　　祖国统一后，台湾特别行政区可以有自己的独立性，可以实行同
> 大陆不同的制度。司法独立，终审权不须到北京。台湾还可以有自己
> 的军队，只是不能构成对大陆的威胁。大陆不派人驻台，不仅军队不
> 去，行政人员也不去。台湾的党、政、军等系统，都由台湾自己来
> 管。中央政府还要给台湾留出名额。②

至此，以"一国两制"的构想解决中国领土统一这个历史遗留问题的基本
方略业已形成一套较为系统但高度原则性的论述。

　　作为政策设想的"一国两制"，从源头看来有几个不容忽视的特征。
第一个特征，在于"一国两制"是北京为了促进台湾回归、实现祖国的完
全统一而提出的政策设想。因此从这一政策设想提出的第一天起，"一国"
就是目的和基础，而"两制"是过程和手段。"一国"与"两制"的地位
并不是对等的，两者之间存在明显的轻重次序。第二个特征，"一国两制"

---

① 　张学仁、陈宁生：《二十世纪之中国宪政》，武汉大学出版社 2002 年版，第 450 页；中
　　共中央统战部研究室编：《一个国家两种制度：台湾、香港、澳门和海外各界人士的有
　　关言论文章选录》第五卷，中国文史出版社 1988 年版，第 82 页。
② 　《邓小平文选》第三卷，人民出版社 1993 年版，第 30 页。

就其源头而言，重点是放在保证台湾的社会、经济制度和生活方式不变，目的是为了保证统一后台湾地区的外国投资和经济活动的正常开展。可见，"一国两制"的政策重心是经济繁荣，而不是政治民主化或者社会福利化。即便之后邓小平在司法、防务等方面允诺统一后的台湾可以享有某种"独立性"，也是基于"繁荣"这一总的政策目标而言的。至于在"一国两制"框架内如何处理海峡两岸的政治制度差异性的问题，中共的第二代领导人并未给予清晰回答，而是留给未来领导人在实践中去逐步探索。

第三个特征，是"一国两制"作为政策构想既具有高度灵活性，又强调步骤稳健，是灵活性和务实性的结合体。"一国两制"作为政策构想而言并不是孤立的，而是以邓小平为首的第二代中国共产党领导集体制定的改革开放大方略的一个重要组成部分，因此具有中国改革开放时期政策的共同特征。改革时代中国政界有著名的、具有全局性指导意义的"两论"：一则是出自陈云的"摸论"，即"摸着石头过河"，指在改革开放的实践中要稳步探索最适合时代需求、最符合中国国情的国家发展道路。1980年12月16日，中国共产党中央委员会副主席陈云在中央工作会议上讲话。在这篇题为《经济形势与经验教训》的讲词中，陈云指出，中国要改革；但因中国改革问题复杂，必须亦要保持稳定，要摸着石头过河，不能过急，强调稳健。① 二则是出自邓小平本人的"猫论"，即"黄猫、黑猫，只要能捉住老鼠就是好猫"。这一观点最早见于1962年7月7日邓小平发

---

① 《陈云文选》第三卷，人民出版社1995年版，第279页。

表的《怎样恢复农业生产》一文。文中，邓小平就如何评价农业包产到户评论道：

> 刘伯承同志经常讲一句四川话："黄猫、黑猫，只要能捉住老鼠就是好猫。"这是说的打仗。我们之所以能够打败蒋介石，就是不讲老规矩，不按老路子打，一切看情况，打赢算数。现在要恢复农业生产，也要看情况，就是在生产关系上不能完全采取一种固定不变的形式，看用哪种形式能够调动群众积极性就采用哪种形式。①

邓小平的"猫论"回答了改革开放年代中国的现实主义政策哲学和对各项政策的评价取舍标准问题，即要把判断重点放到是否有利于完成党和国家的中心任务——开展经济建设和实现现代化——的大局上来，而不是采取形而上学、固定僵化或者泛意识形态化的其他什么标准。陈云的"摸论"则回答了中国改革开放年代的政策决策如何进行的问题。陈云所提出的是一个高度务实同时又高度稳妥的方法，即按实际情况的要求和限制，见步行步，在实践中小心探索，不断优化改革开放和现代化建设的各项政策，以求决策更符合实际及更顺应时代的变化和要求。

因此，作为中国改革开放时期的标志性国策，"一国两制"从诞生之日起就在以上两个方面都被打上了极其鲜明的时代烙印。"一国两制"的

---

① 《邓小平文选》第一卷，人民出版社 1994 年版，第 323 页。

高度务实性，体现在它既照顾到历史、又照顾到现实，既服务于祖国统一的大局、又着眼于保证台湾地区在实现统一之后的经济繁荣，既有高度的原则性、又有稳健的可操作性，是一个来自于实践、"接地气"的政治构想。这个构想正视中国大陆与台湾之间的意识形态差别，但又强调超越意识形态差别，使得此政策构想得以创造性地与八十年代国家改革开放和祖国统一的中心任务相适应。

"一国两制"的高度灵活性则体现在：与中国改革开放时代的其他政策一样，它只是非常原则、非常框架性的构想，需要在实践中不断探索、不断完善和不断发展。因此，"一国两制"是活的、有生命力的实践，而非死的教条；在"一国两制"付诸实践的过程中，所有参与各方和所有持份者（stakeholder）的所做、所为、所思、所想以及他们背后的利益交锋，都会影响到这个政策构想在政治实际中最终得以实现的形态。同时，亦如同改革开放时代的其他主要国策一样，北京也势必根据不断发展变化的时代需求，对实践中的"一国两制"架构进行与时并进的适切调整。因此，任何认为"一国两制"应当具有某种僵化呆板的样式或者永恒不变的界限的想法，都是不符合实际的，也与北京提出这一政策构想的初衷不相吻合，甚至是南辕北辙。

"急冻式"回归

原本为统一台湾而提出的"一国两制"政策构想被首先运用到香港和

澳门，是历史的机缘巧合促成的。香港是现代中国的创伤性记忆。1842
年，清廷于鸦片战争中战败，被迫签订《南京条约》，将香港岛（连同鸭
脷洲和附近岛屿）永久割让给英国维多利亚女王（Queen Victoria）及其
合法继承人。1860 年，清廷再于第二次鸦片战争中败于英法联军，签订
《北京条约》，将九龙半岛界限街以南永久割让给英国。1898 年，清廷再
与英国签订《展拓香港界址专条》，英国据此租借"新界"（包括新九龙及
逾二百个离岛），为期九十九年。这三份不为中华人民共和国政府承认的
不平等条约，实际上形成了今天香港特别行政区所辖领域的大致范围。

自二十世纪七十年代末开始，随着新界地区租借期限的不断逼近，在
英国政府的动议和催促下，中英两国政府才开始进行关于香港前途命运的
外交接触、商讨和正式谈判。中英关于香港前途地位的谈判，恰好与中国
共产党领导人思考台湾统一问题的时间重叠；这使得中国领导人开始考虑
将刚刚提出不久的"一国两制"构想率先运用于香港回归的可能性。1984
年 6 月 22 日，邓小平就此予以详细说明，他指出：

> 中国政府为解决香港问题所采取的立场、方针、政策是坚定不移
> 的。我们多次讲过，我国政府在一九九七年恢复行使对香港的主权
> 后，香港现行的社会、经济制度不变，法律基本不变，生活方式不
> 变，香港自由港的地位和国际贸易、金融中心的地位也不变，香港可
> 以继续同其他国家和地区保持和发展经济关系。我们还多次讲过，北
> 京除了派军队以外，不向香港特区政府派出干部，这也是不会改变

的。我们派军队是为了维护国家的安全，而不是去干预香港的内部事务。我们对香港的政策五十年不变，我们说这个话是算数的。①

"一国两制"在香港的率先运用，既是最终解决中国领土完全统一问题的重要步骤，也是中国政府在改革开放年代进行的一次对国家政治体制的重要创新。1982 年 12 月 4 日，第五届全国人民代表大会第五次会议通过的《中华人民共和国宪法》，专门在第三十一条列明"国家在必要时得设立特别行政区。在特别行政区内实行的制度按照具体情况由全国人民代表大会以法律规定"。这一极为特殊的宪法"统一条款"，为中国政府按照"一国两制"构想解决香港、澳门回归祖国和海峡两岸实现统一提供了宪制基础。其后中英两国政府于 1984 年 12 月 19 日签订的《联合声明》及 1990 年 4 月 4 日中国国家主席颁布的《中华人民共和国香港特别行政区基本法》，则为香港在"一国两制"框架下复归祖国做出了具体的外交和法律制度安排。

以"一国两制"的方略来解决香港问题是一个政治上的创举；但不能否认的是，这一问题是在非常仓促的情形下被提上中国共产党的政治议程的。实际上，当 1979 年 3 月香港总督麦理浩（Crawford M. MacLehose）访问北京，并与邓小平首次谈及香港前途问题时，中国人民解放军刚刚结束对越南的大规模自卫反击作战不到十天，而仍处在"文化大革命"后拨

---

① 《邓小平文选》第三卷，人民出版社 1993 年版，第 58 页。

乱反正初期的中国政府亦尚未对香港在 1997 年后的地位和管治问题做出深入研究，遑论做出重要决定。随着中英关于香港前途命运问题的接触和商谈的深入，中国政府才逐步把香港回归这个问题在内地百废待举的情况下"插队"提上议事日程，并成功在"一国两制"的框架下就香港在 1997 年回归祖国形成了十分初步及原则性的政治决策。

起初，中国政府对于"一国两制"框架下未来香港政治运行的设想是"急冻式"的回归，即快速把 1997 年 6 月 30 日午夜时分香港既存的社会、经济、法律和政治制度基本不动地接收过来，保持大体不变，然后再因应时代的变化择机予以解冻和变革。八十年代香港回归谈判期间，香港人最常听到的六个字——"马照跑、舞照跳"——就形象地表达了北京对于在回归完成后保持香港的资本主义制度和不同于中国内地的生活方式的设想和愿景。

"急冻式"回归这一政治设计的主要原因在于改革开放初期，中国内地在经济发展、对外开放和扩大贸易方面对香港的依赖。北京并不愿意在回归后收回一个不再繁荣和开放的"臭"港、"死"港，这显然不符合中国共产党的长远利益。但另一方面，改革开放初期中国领导层所面临的对内拨乱反正、对外应对美苏冷战的高度复杂工作，也使得其对香港在回归后的管理问题无暇充分了解和思考，故而中央从务实角度出发亦不愿意被迫过度卷入处理香港本地的一些具体事务上。当然，三十多年前，中国中央政府在治理现代化的国际都市所必需的知识储备和人才储备两方面都严重不足，也是促成北京设想对香港本地事务尽量采取不插手立场的主要原因之一。正如特区政府中央政策组前首席顾问、全国港澳研究会副会长刘兆佳曾写到的那样：

> 中央在上世纪八零年代初期提出的解决香港前途问题的"一国两制"方针政策，在当时的历史时刻无论是对国家还是对香港都应该说是最好的安排。对香港而言，香港在"一国两制"方针政策下所得到的各种优厚待遇，也只有在那个罕有的、转瞬即逝的历史时刻才能获得。①

因此，在八十年代，北京甚至有官员表示香港回归不过是"换国旗、换总督"，中央对港工作系统的负责官员也经常强调回归后香港的政治经济社会制度、生活方式、华人公务员队伍、精英阶层地位、司法体系、营商环境等均会同港英殖民地时期保持高度连贯性。"急冻式"回归因而超出了其作为一个较为原则性的、粗糙的、"摸着石头过河"式的初步政治设计的本来面目，而被不少香港居民有意无意当作是中央权力对自己做出的具体承诺和香港回归的既定模式。这也使得部分香港市民后来对于"一国两制"的理解和期望始终出现偏差，与北京的初衷亦渐行渐远。香港回归进程中的各方持份者从八十年代开始逐步形成的、在落实"一国两制"方面的观念落差为今天香港政治的困局埋下了伏笔。

① 刘兆佳：《回归十五年以来香港特区管治及新政权建设》，商务印书馆（香港）2012 年版，第 3 页。

但更值得注意的是，北京在八十年代宣示对香港的"急冻式"回归政策，反映了北京对香港华人社会——特别是本地精英阶层——的高度政治信任和期待。在北京领导人看来，港英殖民统治的终结和香港主权复归祖国，将会自动完成所谓"人心回归"的过程。这个判断的前提是：同世界其他殖民地人民一样，香港人身为炎黄子孙，就内心而言应当是痛恨外族统治、渴望回归祖国的。因此，在北京看来，中央政府对香港恢复行使主权，并不需要下大力气重塑港人的政治认同，因为这将不过是香港人在身份认同上的一个自我"拨乱反正"，是对历史错误的纠正。而回归后的港人也自然而然会成为"自家人"，自家人好说话。中央领导层虽然反复强调已预料会有某些与港英殖民政权利益关系密切的中上层人士有可能在过渡期或者回归后继续"反中"、"搞事"，但对香港华人社会在集体心理和政治认同上总体靠近中国这一点是具有高度信心和期望的。

正是由于京港之间政治信任的存在，使得北京在八十年代末和九十年代初对香港的政策宣示口径上显得十分宽松——不但有高级官员面对记者信口而出香港"可能不一定驻军吧"这样模棱两可的话（后被邓小平公开否定）①，甚至主政的对港工作官员也说出"将来香港如何发展民主，完全是香港自治权范围内的事，中央政府不会干涉"②之类极为宽厚的政治表态。实际上，香港回归后，中央政府曾差不多将港英时期派驻香港的隐蔽战线力量全数撤回北京，原因就是：回归之后香港都是自家人了，特区

---

① http://history.people.com.cn/GB/205396/17664526.html.

② 《鲁平就香港问题答记者问》，《人民日报》1993 年 3 月 18 日。

政权由港人掌握完全放心，适用于敌占区的隐蔽工作已经全然丧失原有意义，再无存在的必要。长期驻扎香港的原新华社香港分社亦计划进行大幅度人员和编制的裁减。中央政府有关部门甚至认真考虑过将其完全撤销的可能性及不同方案。在北京对香港华人社会高度信任的前提下，香港的回归自然也就被简化成为"换国旗、换总督"，而对更深层次的问题和挑战则无暇深究。①

　　北京起初所设计的"急冻式"回归对于促进主权和政权的平稳转移，以及在回归初期保持新的特别行政区政治稳定和延续性具有积极作用；实际上这也是"一国两制"的题中应有之义。但首先，"急冻式"回归着眼于"不变"的方面，却对"变"的方面考虑不足。这一政策有利于保证回归期间的人心安定，但却不利于香港的长期管治。因为港英时期的一系列制度、政策乃至政府架构都是因应殖民地时期的具体情况而设计、搭建和运作的，这些既有的管治结构未必完全能够适应回归后彻底改变了的政治社会条件，有些甚至成为施政的障碍。实际上，主权和治权关系的改换本身就是极其重大的、具有根本性的政治变化，一个被速冻的殖民地式政治架构断然无法适应这一深刻变化。

　　其次，基本法和"一国两制"本身也是不断变化的、有生命力和鲜活的政治架构，其自身蕴含着巨大的求"变"的力量和要素。因为，急冻过程自身即包含了"解冻"甚至"重构"政治秩序的内在动力。譬如，基本

---

① 　http://m.ftchinese.com/story/001057955.

法第四十五条规定"行政长官的产生办法根据香港特别行政区的实际情况和循序渐进的原则而规定，最终达至由一个有广泛代表性的提名委员会按民主程序提名后普选产生的目标"——这本身就是意图彻底重构香港殖民地式政权执政基础的条款，与"急冻式"回归的理念和哲学是背道而驰的。

再次，九十年代初期开始的、由港英末任总督彭定康（Christopher F. Patten）所试图主导的香港代议制民主改革，实际上也降低了北京原先设想的"急冻式"回归能够完全实现的现实可行性。由于彭定康的民主化改革，港英立法局议员的"直通车"未能实现就是很好的例证。同时，回归之后北京对香港民情的重新认识——特别是 2003 年特区政府就基本法二十三条"国家安全条款"立法所引起的轩然大波，以及后来反国民教育运动、反高铁运动等——都使中央政府对于完全"急冻式"回归的效果和负面影响产生巨大的疑虑。香港的"人心回归"问题、香港管治的深层次问题、港人治港的能力问题等原先被认为完全没有必要考虑的政治议题，被陆续提上中国共产党的议事日程。

回归之初，中央对香港的政策混沌期和宽松期对香港管治的最大影响在于，它促成港人对于"一国两制"、"港人治港"和高度自治的理解和期望与不断发展变化的政治现实之间出现了较大落差。这种落差主要反映在三个方面：第一，不少港人未能把"一国两制"和高度自治看作是互动的、变化的政策过程，而是把其视为僵化不变的法条甚至是教条。第二，回归之初由于北京的政策混沌期而造成的不同中央官员极为宽松的政策表态，也被不少港人认定是中央政府应当对之负责的政治承诺，而未能根据变动的政治环境来客观理解当时的历史状况。这也导致部分港人推高了对于"一国两制"框架所怀有的一些不切实际的政治期望。从某位本地评论家的观点可见一斑。这位评论家说：

> 当初香港人接受回归，因为我们以为那只不过是换一换国旗区徽，改唱义勇军进行曲。其实在回归前的日子，伦敦的殖民地部门也不会要香港人懂得唱天佑女皇。老实讲，今时今日学校每天升国旗、唱国歌，对很多香港人来说，已经充分体现了对伟大祖国几千年深厚文化的敬畏和对十三亿同胞血浓于水的情怀。请恕我们真的无法再用任何方法，去表达我们那份澎湃的爱国情操。①

这段话用语反讽，富有浓厚的香港特色；但若将其背后对于"回归"的理解与北京对"一国两制"的官式理念两相对照，何啻南辕北辙。

第三，不少港人未能认识到"港情"、"港事"和内地社情民意的发展变化也会对"一国两制"的落实形成关键影响。在中央和香港社会的关系上，作用力有多大，反作用力就有多大——这条规律对于双方都完全适用。所以不少港人认为无论香港社会做什么、说什么甚至骂什么，北京都必须按照某个他们所认定的公式来严格落实"一国两制"，不得有丝毫偏

① 李兆富：《做得少才可能做得好的香港政府》，《壹周刊》2011 年 8 月 4 日，另壹角度 A006。

离；如果政治现实与他们的想象发生落差，便采取"大闹大解决、小闹小解决、不闹不解决"的思路，通过日益激烈的社会运动向北京要价。但他们没有想过，如果有一天北京拒绝再作让步、或者根本不予置理的时候，这个你来我往的政治游戏又如何能够继续下去？京港双方就在这样奇特的行为模式引导下相背而行，已走完整个过渡期和回归初期；如今双方愈行愈远、离心离德，如果这一趋势不被尽快扭转，最终必然将香港政治带入万劫不复的悲惨境地。

"一国两制"还是"一国两治"？

追根溯源，香港政治困局的根本原因在于各方对"一国两制"本身的理解上所存在的巨大歧异，甚至可以说是难以跨越的鸿沟。很显然，就北京看来，从一开始，"一国两制"就绝非"一国两治"；相反，北京在同英国关于"主权换治权"方案的谈判和交锋中，已经反复阐明主权和治权不可分割的主张。实际上，当 1982 年撒切尔夫人（Margaret Thatcher）访问北京、正式商谈香港前途问题的时候，"主权换治权"曾是英方谈判的底线。撒切尔夫人本人在《唐宁街岁月》中亦承认，英国的目标就是要以香港岛的主权来换取英国对整块殖民地的行政管理权。[①] 英方以"主权换治权"的主张，实质上是希望中国仅保有对香港的名义所有权，但在管治上

---

① http://dangshi.people.com.cn/BIG5/n/2013/0417/c85037-21169282.html.

香港则应继续听命于英国政府及其代理人。"主权换治权"方案要实现的愿景是香港不但实行"一国两制"，而且必须是"一国两治"，即中国内地和香港由完全不同的政府来实施管治，从而分割中国对其固有领土的实质管治权。这是北京所完全不能同意的政治诉求。

即使在中英谈判非常困难的时期，中方也从未对"主权换治权"方案给予任何积极的回应。相反，中国政府从上到下都对英方的这一方案表示出彻底的否定态度。1983 年 8 月 18 日，外交部副部长周南曾对英国驻华临时代办径直指出：

你们想拿主权换治权，延续 1997 年后对香港的殖民统治，这是根本行不通的。要中国政府接受这种荒谬的主张，等于是要中国政府同英国政府签订一项新的不平等条约。你们应该清楚，中国不是阿根廷，香港也不是马岛。

1983 年 9 月 10 日，邓小平亦就主权和治权的问题直接表态。他会见英国前首相希思（Edward Heath）并告诉他：

我借此机会说一下，英国想用主权来换治权是行不通的。希望不要再在治权问题上纠缠，不要搞成中国单方面发表声明收回香港，而是要中英联合发表声明。在香港问题上，希望撒切尔夫人和她的政府采取明智的态度，不要把路走绝了。中国 1997 年收回香港的政策不

41

会受任何干扰，更不会有任何改变，否则我们就交不了账。希望本月
22 日开始的中英第 4 次会谈，英方不要再纠缠主权换治权问题，要
扎扎实实地商量香港以后怎么办，过渡时期怎么办，这对彼此最有益
处。希望你把这话传给撒切尔夫人。①

邓小平的谈话，不仅在内容上，而且在语气上都采用了最强硬的外交姿
态。其实，中国领导人关于主权与治权不可分割的观点是其长期一贯奉行
的政治和外交哲学，也是中国共产党执政的主要基础之一；不仅适用于香
港，而且适用于中国全境。社会学家丁学良曾撰文指出，一国"两治"、
治权分裂只可能在一种情况下发生，即："占据小部分领地的一方有自己
的军队，占据大部分领地的合法政府就无法干涉其管治的权力——这就是
1937 年后国共抗战时期的陕甘宁特区。"② 而香港显然不属于此类情形。即
便在上世纪八十年代中国国力衰弱、外交十分困难的局面下，中国领导层
亦从未曾在治权问题上作出过任何让步，以"铁娘子"著称的撒切尔夫人
也最终不得不认可这一点。就在邓小平表态约一个月之后，撒切尔夫人委
托英国谈判代表柯立达(Percy Cradock) 给中国领导人带来口信，表示"可
以在中国建议的基础上探讨香港的持久性安排"，这才打开了中英谈判的
通途。

北京没有料想到的是，关于主权和治权的争议，非但没有随着英国殖

---

① http://dangshi.people.com.cn/n/2013/0417/c85037-21169282.html.
② http://m.ftchinese.com/story/001057955.

民者的撤离而消失，反而在回归后成为香港本地华人精英中的"反中"势力借以向北京发起政治挑战的主要议题之一；同时，北京与香港本地社会在主权与治权的关系问题上所存在的认知鸿沟亦不容忽视。香港社会中的不少人认为，"一国两制"理所当然就是"一国两治"，北京只应管理属于主权范畴的外交与防务，而其他所有特区的管理事宜都属于"治权"范围，完全应当由港人自行行使，中央政府不得干预。这种误解发展到极致，甚至出现了所谓"次主权"论（即认为香港在个别范畴有主权能量）或者"中国干预香港内政"论等足以令北京感到警惕的言论。实际上，北京在恢复行使主权后针对香港的管治问题显然是坚持了一如既往的主权治权不可分割的观点。虽然北京在不同时期、不同领域内所行使的管治权在界线上随着香港局势的发展变动有所调整，但在"主权治权一致性"这一原则问题上，中央政府领导人都从未让步。京港双方在主权和治权关系上的认识分歧，对香港的政治话语和当下的政治困局产生了深刻的影响，本书其后还将多次论及此点。

无论如何，从北京的角度看，近年来香港的政治纷乱在"主权治权不可分割"这一宏观背景下，已经被解读为不同政治势力对香港管治权的争夺。既然北京在八十年代国力那样微弱的情况下都未在"主权治权不可分"的问题上后退过半分，又怎可期望在二十一世纪的今天北京在特区管治权这个核心问题上向香港本地社会作出让步呢？2012 年特区行政长官选举前夕，吴康民在《东方日报》撰写的一则评论中就直截了当地表明了这一观点。他写道：

　　当年在香港的"高等华人"群中，特别是某些行政立法两局议员，赞成"主权换治权"的不少。就是在英国当局迫于北京的坚持而不得不退让，终于签署了中英联合声明以后，这些人当中，仍然有不少死心不息，或明或暗地坚持独立的"治权"，把治权凌驾于主权之上，这些人仍在台上，仍然有影响力。①

在 2014 年春天"占领运动"蓄势待发以及 2015 年香港普选争端不断白热化的情况下，代表北京就香港事务发表官方观点的全国港澳研究会会长陈佐洱亦反复提到，香港的政治争端实际上是对特区管治权的争夺战。2015年 4 月 26 日，中国新闻社引述陈佐洱关于香港普选争论的谈话：

　　香港特区的普选之争并不是要不要发展民主、快一点或慢一点发展民主的问题；也不是制度设计宽一点或严一点的问题，实质是管治权的归属问题。特区管治权是国家政权的一部分，兹事体大，不容有失。②

因此，从八十年代到 2015 年，历史仿佛经历了一个轮回。当年中英之间业已解决的主权与治权的问题，却在香港回归十八年之后，再次成为北京与香港部分华人精英之间新的政治较量的主战场。

---

① 　http://orientaldaily.on.cc/cnt/news/20120329/00184_013.html.

② 　http://www.chinanews.com/ga/2015/04-26/7234544.shtml.

中央的治权

近两年来，北京在其对香港的治权问题上采取了极为慎重、寸土不让的态度。2014 年 6 月，国务院新闻办公室发表《"一国两制"在香港特别行政区的实践》白皮书（下称"白皮书"），郑重指出：

> 宪法和香港基本法规定的特别行政区制度是国家对某些区域采取的特殊管理制度。在这一制度下，中央拥有对香港特别行政区的全面管治权，既包括中央直接行使的权力，也包括授权香港特别行政区依法实行高度自治。对于香港特别行政区的高度自治权，中央具有监督权力。①

这一论述包含三层含义。首先，"白皮书"明确了"一国两制"是北京在全国治权统一的前提下对某些区域实施的特殊管理制度。"两制"本身既不制造也不构成两个单独甚至平等的政治实体；香港特别行政区是中央人民政府管辖下的、实施特殊管理政策和制度的地方行政区域。其次，在主权与治权不可分割的原则下，北京享有对香港的全面管治权。这些权力，既可以由北京根据基本法直接行使，也可以根据基本法授权特区政府行使。再次，对于依法授予特区政府行使的高度自治权，北京亦可透过法律

---

① 　http://www.scio.gov.cn/zxbd/tt/Document/1372801/1372801.htm.

规定的管道实施监督。2014 年的"白皮书"第一次提出北京依据基本法对香港享有全面管治权，它也构成了迄今为止北京在主权与治权关系问题上官方立场的系统表述，值得认真对待。

实际上，根据中国领导人一贯坚持的主权治权相一致的观点，香港特区基本法以及其他与香港管治相关的法律法令均是严格按此标准制定的。总结国务院"白皮书"的论点，北京在香港特别行政区成立后依照法律享有的在港直接治权包括：第一，创制香港特别行政区、立法、释法和修法的权力。即，香港特区作为地方行政区由中央政府创制，其辖区由中央政府确定，权力由中央政府授予。全国人民代表大会及其常务委员会为香港特区创制基本法、驻军法等专门法律，亦有权决定将任何全国性法律适用于香港。根据基本法第十八条的规定，在平时，全国人大常委会在征求基本法委员会和特区政府意见后，有权将属于国防、外交以及不属于特区自治范围内的全国性法律列入基本法附件三，从而在香港特区实施这些法律。但同时基本法第十八条第四款亦规定，在全国人大常委会宣布战争状态或者决定香港特区进入紧急状态时，中央政府可以命令的形式将任何全国性法律在香港适用。全国人大常委会对于基本法还享有完全的解释权（解释前须征询基本法委员会的意见）。全国人大常委会先后于 1999 年、2004 年、2005 年、2011 年分别就香港永久性居民在香港以外所生中国籍子女等的居留权、行政长官产生办法和立法会产生办法修改的法律程序、补选产生的行政长官的任期和国家豁免原则等问题，对基本法及其附件的有关条款作出解释。全国人大对基本法享有完全的修改权（列入议程前须由基本法委员会研究并提出意见)。在基本法所规定的修改基本法的三种提案形式中，国务院和全国人大常委会享有的修改基本法提案权是没有限制的，而对香港特别行政区提出修法动议的程序则设置了多重限制(包括特区政府全国人大代表三分之二支持、立法会议员三分之二支持、行政长官同意、并必须由全国人大香港特区代表团向大会提出)。中央政府亦有实质权力对香港特区政制发展问题作出规定。

第二，组建香港特别行政区政权机关，监督行政长官及特区政府的立法和施政，以及向特区政府作出新的授权的权力。就特区的政权机关而言，从特首到主要官员的选举和选拔工作，均由中央政府负责组织和实施，并由中央政府任命。香港特区行政长官向中央政府负责，要定期述职，并就香港管治问题中的重大问题请示和报告，中央政府领导人予以指导。行政长官亦有责任根据基本法第四十八条第八款"执行中央人民政府就本法规定的有关事务发出的指令"。中央政府对香港特别行政区终审法院法官和高等法院首席法官的任命或免职进行备案。对于经香港立法会通过、行政长官签署的本地立法，全国人大常委会通过基本法第十七条所规定的备案和发还程序仍保留了相当程度的监督权。截至 2013 年底，香港特区立法会向全国人大常委会报请备案了 570 件本地法例。基本法第二十条还规定中央政府拥有向香港特区作出新的授权的权力。如 1996 年，全国人大常委会即授权香港特别行政区政府指定其入境事务处为香港特别行政区受理国籍申请的机关，根据国籍法及其解释规定对所有国籍申请事宜作出处理。2006 年，全国人大常委会授权香港对深圳湾口岸港方口岸区依照特别行政区法律实施管辖。这都是中央政府根据基本法授予香港特区行使的新的权力。

第三，直接管理与香港特别行政区有关的外交事务和香港防务的权力。中央政府在香港设立外交部特派员公署，直接管理香港特区对外交往和国际合作、国际条约在香港的适用、履约以及缔结新的涉港国际协定、海外领事保护、各国驻港领事机关管理，以及防范及遏制外国势力干预香港事务等多方面的对外工作。中央政府于 1996 年设立驻香港部队，并于1997 年进驻香港，全面接管香港守卫任务，保证国土安全。驻港部队根据驻军法的规定，履行防备和抵抗侵略、保卫香港特别行政区的安全，担负防卫勤务，管理军事设施，承办有关的涉外军事事宜等防务职责。

同时，为了履行上述直接治权，中央政府设立国务院港澳事务办公室作为国务院处理港澳事务的办事机构，负责贯彻执行"一国两制"方针政策和中央的有关指示，承担与香港特别行政区政府的工作联系等职责；设立中央人民政府驻香港特别行政区联络办公室作为中央政府驻港机构，履行联系外交部驻港特派员公署和香港驻军、促进香港与内地各领域的交流与合作、联系香港社会各界人士、处理有关涉台事务等职责。

总的说来，根据"白皮书"的论述，"一国两制"框架之下中央政府在香港享有的管治权是一个主权与治权相统一、有法律制度、有实体机构、有管治队伍的完整的治理体系和治理结构，绝非是虚幻的、无中生有的空中楼阁。香港，归根结底是中华人民共和国中央人民政府直辖的一个特别行政区，在北京的完全主权和治权管辖之下，既非受保护的"自治领"，亦非独立或半独立、享有"次主权"的政治"异邦"。香港社会要寻求进一步生存、发展和自治的空间，首先就必须坦然接受这个最基本的政治现实。

"一国两制"面临挑战

毋庸置疑，香港回归祖国十几年来，"一国两制"所面临的最大挑战，即是香港社会对于北京对港的主权及治权的否定、抗拒甚至敌视；而来自于香港社会的这些令人不安的情绪、话语和行动，又导致中央政府对其在港的主权治权、政权安全和核心利益是否能够得到有效保障不断产生新的政治疑虑。随着形势的迅猛发展，北京对于香港社会在未来是否能够坚决维护中国的主权、安全和发展利益越来越缺乏政治信任；作为因应措施，北京也加强了对香港的政治管束。其结果是香港社会与中央政府之间在政治问题上长期非良性互动，极大地增加了管治成本，也令本地政治局面深陷困境而不能自拔。

任何政策都是活的过程，都深受反馈机制的影响——作为改革开放年代中国基本国策之一的"一国两制"自不能外。政策的决定、执行、修正和完善，都是决策者不断根据其对政策执行效果的观察和社会的反馈而进行调整的结果。政策执行所产生的正面积极成果，会成为"正反馈"，促使决策者按既定的政策方向深化和扩展。而若政策执行的结果以消极负面为主，则会成为"负反馈"，迫使决策者按既定政策相反或者不同的方向对政策进行调整，以期降低和扭转负面的政策效果。"一国两制"作为中国共产党和中华人民共和国的一项重要政治决策，在香港实施十八年以来可谓深受来自于香港社会的"负反馈"之扰，不断的调整与改变也就成为必然。

香港回归之初，北京对香港的方针基本上是以保持香港的繁荣稳定为基本目标，而政策方向则是最大限度保持香港的独特性和自主性。从八十年代北京设想和提倡的"急冻式"回归到九十年代中央领导集体成员相继提出的"井水不犯河水、河水也不犯井水论"、"紫砂壶论"等，都反映了回归初期中央对于香港的基本政策方向是十分明确和统一的；北京对于回归后香港的管治是否成功的基本判断标准也是依靠三条，即：过渡是否平稳、回归是否顺利、是否能够保持繁荣稳定。①

1989 年 6 月，在中国共产党第十三届四中全会上当选为中共中央总书记的江泽民是在国内外都非常严峻的政治局面下担负起领导责任的。当年 12 月，江泽民在会见英国首相特使、首相外交顾问柯立达时指出：

> 在"一国两制"问题上，我曾在同香港许多工商界人士、香港特别行政区基本法起草委员会委员的谈话中引用过中国的一句谚语，叫做"井水不犯河水"。有的香港人不大理解，说："井水不犯河水，河水必定犯井水。"其实，我这句话完整地说是："井水不犯河水，河水

---

① 齐鹏飞：《江泽民与香港回归》，《当代中国史研究》2007 年第 3 期（2007 年 5 月）。

不犯井水。"①

这是中央领导人在八十和九十年代关于中央和香港在各自内部事务上互不干预政策的最直接宣示。在香港回归之后的若干次内部讲话中，江泽民还反复向下属官员阐明过诸如中央在香港实行"一国两制"、"港人治港"方针的长期性、全国要支持特区政府依法行政、特区政府人大代表不能干预特区管理、中央政府各部门均不得干预特区内部事务等一脉相承的观点。在这些对内和对外的谈话中，江泽民特别强调：

> 中央政府严格按照基本法办事，坚定地支持行政长官和特别行政区政府的工作，不干预特区政府自治范围内的事务。
>
> 凡是有利于香港繁荣稳定的事，就要多做；凡是不利于香港繁荣稳定的事，绝对不能做。
>
> 就内地而言，任何部门和地方都不允许干预香港特别行政区自治权范围内的事务。而从香港来说，属于高度自治范围内的事务，完全可以放手去做，中央政府完全相信特区能够把自己的事情处理好。②

---

① 《江泽民文选》第一卷，人民出版社 2006 年版，第 81 页。

② 《江泽民参加香港代表团讨论时指出香港发展基础稳健明天会更美好》，《人民日报》1999 年 3 月 8 日。江泽民：《在香港 2001"财富"全球论坛开幕晚宴的讲话》，《人民日报》（海外版）2001 年 5 月 9 日。《江泽民会见以霍英东为团长的香港工商界人士访京团时的谈话》，《人民日报》（海外版）2000 年 6 月 25 日。转引自齐鹏飞：《江泽民与香港回归》，《当代中国史研究》2007 年第 3 期。

中央领导集体的这些表态，清楚反映了回归之初北京对香港的政策导向是以保证香港的独特性和自主性为中心，力图把中央对特区的干预减少到最低程度、把中央对特区的支持增加到最高程度。2002 年继任党的总书记的胡锦涛基本继承了江泽民时期的对港政策，甚至在以政策利好换取香港人心这一方面不断加大力度和频次。北京在香港工作上采取的非常宽松的政治取态在回归后较长的时间里保持了连续性。

回归之后，北京在"一国两制"的具体落实过程中，也采取了相当优容的态度，对于香港社会各项表达方式强烈的政治和经济诉求都尽量予以满足，真正以"求稳定"、"保繁荣"为基准目标；但这也在另一方面促成了香港社会在政治诉求问题上逐步形成"抗争有效"的固有观念和预期。北京在政治上的优容态度体现在 2003 年国家安全立法争议、2010 年政治制度改革争议和 2012 年的国民教育科争议问题上作出的三次重大的（实际上并非必需的）让步。2003 年的国家安全立法本是香港特区根据基本法所必须履行的宪制责任，从政治原则上讲并无谈判空间和让步余地；然而，当二十三条立法使得反对派动员起香港社会较大的抗议声浪和政治动荡的时候，北京和特区政府决定作出让步。

2010 年在香港社会关于 2012 年立法会和行政长官产生办法改革的讨论白热化、特区政府提出的较为保守的改革方案遭到反对派抵制之际，北京又再次主动释出善意、直接与香港民主党进行沟通和对话。2010 年 6 月 20 日，时任香港中联办副主任的李刚与民主党何俊仁、刘慧卿及张文光会面，并达成协议，使政改方案得以顺利完成本地立法过程。2012 年 4

月，特区政府表示将会把德育及国民教育科（简称"国教科"）列为必修科，并于 2012 年 9 月新学年开展课程，称为三年开展期；香港行政长官梁振英表示，学校可以决定于同年、下年（2013 年）或者后年（2014 年）推行国教科，此举被反对人士指责为"先推行后检讨"。在泛民主派动员起来的大量反对声浪下，特区政府再次同意让步。2012 年 9 月 8 日，特首梁振英宣布取消"三年开展期"，将是否开设国教科的权力交还给学校和办学团体；10 月 8 日下午五时，梁振英进一步宣布接纳相关政府委员会建议，搁置德育及国民教育科课程指引，教育局亦不再以此作视学依据。

从某种意义上说，回归之初，北京在政治上的克制不幸地被香港社会解读为软弱，认为只要香港在政治诉求上"企硬"①，又能够动员起民众，中央政府就一定会在最后关头让步；上述三次大的政治交锋也基本是以泛民主派的胜利和北京的让步告终。自此，泛民主派力量开始寄希望于同北京的密室谈判和交易，把群众性的抗争运动视作讨价还价和抬高身价的筹码，形成了香港政治的习惯行为模式。这种双方共同造成的思维和行为定式，一方面反映了"一国两制"框架本身所具有的高度可塑性和互动性，另一方面也对中央和特区政府的管治权威造成基础性的伤害。在这一思维定式下，北京永远都被香港社会看作是最后必须作出让步的一方，香港社会各政治派别（从建制到泛民）甚至已经对此形成了条件反射式的期望定式。更何况，在 2010 年政改过程中，连一直代表中央政府冲在第一

---

① "企硬"，广东话常用语，意指立场强硬、不肯让步。

线、频频发声的香港建制派人士在北京突然"转軚"① 让步后都产生被"出卖"的感受，心灰意冷。回归以来，北京在原则性政治问题上的反复让步对己方支持力量所构成的巨大政治杀伤力是难以估量的。这些过往的历史教训，北京后来都曾给予深刻反思。

更重要的是，回归以来，北京在香港重大政治问题上所采取的优容政策和释放的善意，始终未能得到香港社会的良性反馈和积极回应。本书开篇谈到的香港大学"八一八事件"就是一个生动例证。实际上，1997 年后，从北京的角度看，中央政府从香港所获得的关于"一国两制"实施情况的反馈中，消极负面内容是较为显著的。这些"负反馈"主要表现在四个方面：第一，香港社会对北京在港主权和治权的敌视、否定和挑战情绪愈演愈烈。1997 年中国对香港恢复行使主权，并没有如北京预料一般一劳永逸地解决香港的主权和治权问题，相反随着回归初期京港之间蜜月期的结束，香港社会对国家在港的主权和治权质疑与敌视的声音及行动越来越明显。譬如，从 1999 年起，全国人大常委会曾依照基本法第一百五十八条的规定行使权力、对基本法相关条款进行解释。但几乎每一次"释法"工作在香港都遭到法律界人士和公民社会组织的大力抵制，还曾举办"黑衣游行"实行静默抗议。在此起彼伏的社会运动中，开始有人展示港英时代的殖民地旗帜，亦有人公开展示"鸦片战争万岁"和"南京条约万岁"的标语，"恋殖"甚至"港独"情绪有增无减。在媒体上，"中港矛盾"等令

---

① "软軚"，广东话常用语，意指改变立场。

人惊诧的新说法甚嚣尘上，俨然把香港一城在心理上置于整个国家的敌对位置。也有激进的青年人走上街头，侮辱内地游客为"蝗虫"，甚至公开骚扰内地游客。回归以来，香港社会与中国母体在心理距离上可谓是越行越远，这不能不令北京的精英阶层开始对中央政府回归初期以宽松、优容为主的治港方针产生怀疑。中国年轻一代开始追问：是不是过去十八年中央政府"把香港宠坏了"？近年来，北京政、商、学年轻一代精英要求反思和收紧对港工作的呼声也开始频繁出现，并极有可能形成声势和共识。

第二，香港社会对国家安全立法的普遍抗拒情绪使得北京对于香港的政治安全状况产生极大疑虑。国家安全是北京在香港回归后主要考虑的问题之一。香港地处中国大陆的南端，自由开埠，华洋杂处，又曾被英国殖民者经营多年，社会情况和国际联系均十分复杂。同时，香港作为中国境内实行"一国两制"的特殊地区，国际上各种政治势力都在此培植了大量代理人组织，各类本地社会运动也层出不穷。所有这些情况对中华人民共和国的政权安全所构成的潜在威胁是北京素来高度关注的。在八十年代北京较为宽松的对港工作思路下，从保证平稳过渡出发，基本法以第二十三条赋予未来的香港特区宪制权利和义务："自行立法禁止任何叛国、分裂国家、煽动叛乱、颠覆中央人民政府及窃取国家机密的行为，禁止外国的政治性组织或团体在香港特别行政区进行政治活动，禁止香港特别行政区的政治性组织或团体与外国的政治性组织或团体建立联系"，亦即由香港特区按照香港的法治传统为香港自己"量身定做"一套国家安全立法。如果香港社会认同自己是中国的一个组成部分、具有对中国主权的基本尊重，那么在回归后尽快落实这一宪制义务显然是实施"一国两制"的题中应有之义，对北京而言亦是重要的安全确认。但当特区政府在 2002 年至 2003 年开始启动二十三条立法时，香港社会的激烈反对声音是惊人的，以至于香港回归六周年纪念日当天五十余万市民上街游行，最终由于个别建制派政党在最后关头改弦更张而导致立法失败，大大出乎北京意料。中央政府也因此在 2003 年之后开始对香港政治安全的实际状况产生了高度疑虑，并开始采取相应的措施。

第三，香港社会对于回归后香港加强与内地的联系与交流产生普遍的抗拒情绪，涉内地的舆论环境极为负面和扭曲。英治时期，港英殖民地政府由于担心香港华人社会民族主义和反殖情绪升腾对殖民秩序可能形成的破坏，有意将香港与中国的广阔内地隔离开来；特别是通过恐共、防共和反共的宣传，在香港本地华人社会和中华人民共和国政权之间建筑起心理屏障，造成前者对后者在政治文化和心理上长期抱有抵触和敌对的情绪。1997 年 7 月 1 日，香港回到了中国的政治体系中，但"急冻式"的回归方式决定了两地之间的区隔得到延续，一个多世纪的时间里逐步形成的反中、抗中情绪不但没有得到遏制，反而随着香港和内地联系的密切化而不断反弹，甚至被增添了新的内容。

在港英时期，香港对内地的印象主要集中在革命和贫穷两个方向上；但回归之后，由于部分本地媒体的有意渲染，这种印象又被加入了"土豪"、"不文明"、"蝗虫"等新的内容。一时间，不但在政治层面香港社会的反中情绪高涨，而且在社会层面，香港社会拒中，甚至厌中的心理也持续被加强。这些从殖民地时期一脉相承而来的社会集体心理又被别有用心的内外政治势力所利用，成为炒作族群议题和制造族群矛盾的重要工具。在香港媒体的疯狂炒作下，即便与内地的正常交流、合作与对话都会被认为是政权推动"大陆化"的手段而被部分香港人或明或暗地予以抵制。连内地某省高考状元留港工作后因车祸不幸身亡这样的悲惨事件，都能够被少数印刷和网络媒体予以热炒，实在令人叹息。这些回归后新出现的在内地与香港之间关系上极为不正常的局面，使得北京不得不对"一国两制"在香港落实的实际政治效果画上问号。全国港澳研究会副会长、政治学家齐鹏飞在 2015 年 3 月接受报章访问时专门警告说："香港经济发展的关键依然是内地因素、中国因素，如果香港搭不上国家发展快车，香港真的会后患无穷。"①这充分反映香港社会在处理与内地的联系和交流问题上的明显失序已引起了中央政府的担忧。

第四，回归后引起北京更大疑虑的问题恐怕是：在中央政府看来，香港社会中自港英时期遗留下来的、与外国政府情报系统相互勾连的暗藏势力未得到根除，由居英权计划埋下的政治"定时炸弹"未得到清理，香港有在二十一世纪成为对华颠覆基地和"颜色革命桥头堡"的潜在可能。1997 年港英政府的撤离，在北京看来是留有政治尾巴的，远非完全干净利索的离开。北京根据世界历史的经验，认为英国在撤离殖民地时总会留

---

① http://paper.wenweipo.com/2015/03/06/YO1503060006.htm.

下大大小小的政治"暗桩"，希图在后殖民时期继续控制该地的政治经济精英。在香港，港英政府结束时将内部不少敏感的政治工作部门改头换面，以其他形式存在于香港社会中，或者安插进商业机构及公民社会组织中发挥作用。1990 年，由香港总督卫奕信公布的居英权计划更被视作英国在撤退前夕给未来的特别行政区安插的钉子。该计划提供五万个家庭名额依照《1990 年英国国籍（香港）法案》成为英国公民；名额主要给予曾经从事敏感职位的政府公务员，以及对香港有贡献、对香港前途具有重要性的人士，也包括最有能力及动机申请移民的人士。万一香港出现问题，这些人士则可随时前往英国。在北京眼中，这一计划是为未来的香港特区精英阶层提供后盾和退路。在这样的状况下，他们的政治忠诚如何得到保障？而该计划对受益人身份的保密更增添了北京的疑虑。另外，香港社会中一些组织和个人与外国政府（议会、行政机构、情报部门等）的长期联系，也使得北京对其产生怀疑。2014 年"占领运动"时期，特区行政长官梁振英多次指出占领行动牵涉外部势力，直白地说出了这一重要研判。

在多方面负反馈影响下，北京对回归初期落实"一国两制"、处理香港事务中采取的优容和宽松方针逐渐开始产生疑虑。就北京的政策目标而言，香港对于国家主权、安全和发展利益的潜在影响越来越成为比香港本身的"繁荣、稳定"更为重要的考虑因素。就政策手段而言，北京在回归初期所采取的以行政上不干预、政治上不强迫和执行上尽量宽松为特点的对港方针，不但没有达到预想的效果，反而导致了极为负面的后果和社会的消极回应，最终连基本法规定的国家安全立法也无法完成，北京显然不得不对这些政策重新进行估量和调整。因此，在 2003 年特区政府"二十三条"立法工作失败后，北京的中央领导层逐步有意识地恢复了其对香港政治管控的力度，各条战线的对港工作力量也重新得到充实，对港工作被全面重新布局。

北京根据新的形势在对港工作方面的最大调整，是对"一国两制"政策基本目标的修改及完善。在回归之后的前十五年间，北京处理香港事务的最高原则是保证香港自身的"繁荣"与"稳定"。从"急冻式"的回归到"二十三条"立法的撤回，都是基于中央政府不愿意损害香港繁荣稳定这一总体立场和观点。但是，2011 年 9 月国务院新闻办公室发布《中国的和平发展》白皮书，第一次把中国的"核心利益"这个概念引入官方话语中。白皮书指出："中国的核心利益包括：国家主权，国家安全，领土完整，国家统一，中国宪法确立的国家政治制度和社会大局稳定，经济社会可持续发展的基本保障。"2012 年中国共产党第十八次全国代表大会政治报告明确指出，执政党要"坚决维护国家主权、安全、发展利益，决不会屈服于任何外来压力"。再加上回归十八年来北京逐渐积累起来的对香港社会的政治顾虑，在中央层面大的政策方向已经调整的背景下，"一国两制"的最优先目标也逐步从强调维护特区的繁荣稳定转而强调维护国家在港的主权、安全和发展利益。这是一个非常重大的改变。2015 年 3 月，全国人大常委会委员长张德江也因此专门指出，"在'一国两制'下，维护国家的主权、安全与发展利益，是一道醒目的原则红线，不容挑战和触碰"①。未来香港政治的主调必然也将跟随这一转变而进行越来越明显的调整。

治乱一念间

中国政治从来强调"治"与"乱"这两个极端之间的辩证关系。"治"往往意味着秩序、权威、效率、稳定,而"乱"则意味着失序、混乱、倒退和祸端。"治"与"乱"之间往往是说不清道不明的联系。回归十八年来,"一国两制"下的香港政治一直在治乱两极之间摇摆和徘徊,迟迟未能走上一条具有明确轨迹的政治发展道路。昔日的东方之珠今天陷入政治困局而不能自拔,不能不引起所有关注这个城市前途和命运的人们的深入思考。

"治"与"乱"虽属政治的两极,但之间的鸿沟并非不可跨越。实际上,横亘在治乱之间的障碍恐怕就在人的一念之间。1997 年以来,中国政府在香港实行的"一国两制",已经被实践证明是符合香港具体情况、能够保证香港前途与发展的好制度;要改变的,恐怕是香港社会在回归十八年以来对于这一制度的过高期望和扭曲的认知。

首先,"一国两制"是香港特区的建立之基,但绝不能把这个制度误认为是"一国两治";相反,"一国两制"是中央政府在主权与治权统一的

① http://zy.takungpao.com/2015/0307/190324.html.

60

情况下，在香港实施的特殊管理制度。"一国两制"究竟是什么、不是什么，京港之间在理解上宜逐步相向而行，加强沟通交流，而不能继续南辕北辙，更不可听任不切实际的期望和别有用心的解读滋生蔓延。

其次，"一国两制"是一个互动的、不断发展变化的政治过程，绝不能把这个制度误认为是僵化的、不变的框架。"一国两制"、高度自治都是鲜活的政治实践，而不是呆板的政治教条。在这个互动的、变化的过程中，参与的本地各方——特区政府、建制派、泛民主派、香港民众、香港传媒、知识界、工商界等等——的所做、所为、所思、所言都会对中央政府在香港实施"一国两制"的具体形式和政策界线产生重大的影响。

第三，"一国两制"和高度自治的宽或严、高或低是随着香港局势的不断变化而被相应调整的。这里的核心因素是中央政府在香港的主权、安全和发展利益是否得到保障、中央政府在香港的管治权威是否得到尊重、中国的核心政治、经济、文化利益是否有可能被损害。

总而言之，未来香港社会与中央政府之间的政治信任度越高，香港在"一国两制"之下享有的自由度和自治空间就越大，中央对香港的管治就会越以繁荣稳定为主要目标；反之，则"一国两制"之下的自治空间就会被大幅度收缩，对香港的管控就会更以确保国家及政权安全为主要目标。不出意外的话（如香港发生重大内乱致使"一国两制"被提前终止），"一国两制"在香港未来几十年的贯彻落实，基本上会循此路径发展。因此，"一国两制"发展到今天，香港的"治"与"乱"、"兴"与"衰"乃系于香港社会一念之间的选择：是承认中国的主权，对中国主体的政治秩序保持尊重，从而在"一国两制"架构下寻求最大的自治空间，并保持香港的核心价值观和生活方式不变；还是一意孤行，逆潮流而动，不断挑战北京的管治权威和主流的政治秩序，最终成为整个中国政治体系中的"异己力量"或"反叛之源"，并因此不得不面临越来越严厉的政治管控——这是香港社会在后"占领运动"时代所必须认真考虑的一个重大议题。

第 *3* 章

香港人之惑

认同的政治

德尔斐箴言（Delphic maxims）是源自德尔斐阿波罗神庙中的阿波罗神谕之神圣格言，起源于公元前六世纪。其中最著名的神谕莫过于镌刻于阿波罗神庙大门上的"认识你自己"（Know Yourself）。这箴言劝诫人类永远不要忘记对自身身份价值的追问。但认识自己往往是人类认知和心理世界中最深奥的部分。正如德国哲学家尼采（Friedrich Nietzsche）在《道德的谱系》（*Zur Genealogie der Moral*）一书中曾写到的，"我们无可避免跟自己保持陌生，我们不明白自己，我们搞不清楚自己，我们的永恒判词是：'离每个人最远的，就是他自己。'——对于我们自己，我们不是'知者'"①。

---

① Friedrich Nietzsche（2013），*On the Genealogy of Morals*, London: Penguin Books, p.3.

二十世纪政治科学的最重要发现之一，就是政治认同（political identity）对国家、社会以至我们的日常政治生活所起到的极为重要的作用。政治认同往往包含人们对三个问题的回答：我是谁？我属于哪类人？我同其他人存在怎样的关系？对这三个问题的答案直接关乎人对自身身份属性和社群关系的定义、感知与认可。从"九一一事件"中冲进纽约世界贸易中心的民航客机到法国巴黎街头捍卫自己佩戴面巾权利的穆斯林妇女，从曼谷市公共场所每天定时响起的国歌到莫斯科红场庆祝卫国战争胜利七十周年的礼炮，政治认同已经是塑造二十一世纪人类政治生活的最重要力量之一。政治认同不但决定了我们对政治社群的归属感，而且影响我们对权利、义务、荣誉、正义、是非原则等重要事项的判断，同时也涉及其他人对我们的观念以及我们与外部世界之间的联系。

政治认同对香港人而言从来都是非常纠结的问题，也成为 2003 年以来香港在国家安全问题上引起北京高度关注的因素之一。而纠结的核心就是香港和中国内地在政治认同上的相互关系。如两位香港当地学者在 2002 年的一篇文章里论述过的那样，香港华人社会与中国政治、文化母体之间的关系自开埠以来始终"困扰着大部分香港华人"。他们写道：

> 每当遇上国家大事，如"钓鱼台事件"、"八九天安门事件"、北京申办奥运等时刻，他们会认为自己是中国人。香港是中国的一部分，香港华人自然是中国人；但当涉及另外一些情况，如香港推行的资本主义

制度、民主人权等，他们又自觉和大陆有别，认为自己是香港人。①

两位作者认为，"这种身份认同上的左摇右摆，心理和认知上的模棱两可，恰好反映香港华人所处之境地、所经历的历史……"②

的确，自 19 世纪中叶香港成为英国殖民统治以来，香港人的政治认同一直都是香江的不解之惑。早期，香港华人社会无论在政治、经济和文化上都同广东省密不可分、混为一体。在 1925 年爆发的省港大罢工运动中，在罢工组织的号召下，短短三四个月间就有 13 万—14 万香港工人离开工作岗位返回广东各地，造成了香港一次不小的经济危机，迫使殖民地政府须得向伦敦借债才暂时渡过财政危机。香港人身份与中国内地身份的真正区隔，逐渐萌芽于 1949 年之后。由于两地政治制度和经济发展的差异，特别是目睹"左"的政治路线下发动的一系列群众运动对内地经济和社会秩序所造成的破坏，使得香港人逐渐形成对自身身份认同的最初感知。这种最初的感知，在二十世纪香港作为"亚洲四小龙"之一经济腾飞过程中不断得到加强。二十世纪八十年代开始的对于香港前途的大讨论和 1989 年北京的政治风波，对不断形成中的香港人政治认同也产生了较大的塑造性影响。但总体而言，直到二十一世纪的今天，香港华人的政治身份认同始终未能从摇摆和徘徊中稳定下来。这种不确定的政治认同，成为

---

① 郑宏泰、黄绍伦：《香港华人的身份认同：九七前后的转变》，《二十一世纪双月刊》2002 年 10 月号。

② 同上。

香港政治困局的基本背景。

　　根据香港大学的调查，从 1997 年香港回归到 2014 年间，香港人的国家认同在近些年始终处于严重下滑状态。图 3—1 显示受访香港市民中选择"中国人"或者"香港的中国人"两项人数占总受访人数的比例。在所有年龄组，这一下滑趋势都是十分显著的。香港人在政治认同问题上的摇摆和困境，本来是长期遭受殖民统治所造成的特殊历史后果，是历史的偶然；但回归后，一些人仍然运用各种手段和途径希望将由历史造成的香港人在政治认同问题上的迷茫，借"一国两制"的特殊制度安排予以保留甚至永远传承下去，意图在中华人民共和国国境之内建构起一个政治上的

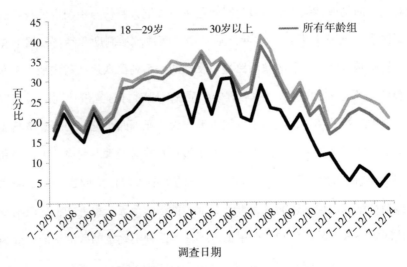

图 3—1　香港人的"中国人"身份认同比例（按年龄组别）

资料来源：根据香港大学民意研究计划"市民的身份认同感"调查历年结果制成。原始数据见 http://hkupop.hku.hk/chinese/popexpress/ethnic。

"异邦"。若予以认真辨析，可以发现香港社会在政治认同上的模糊和分歧大致存在三方面的显著影响。

第一，香港人国家认同的长期缺失可能使中国对香港的管治本身成为无源之水、无本之木。国家认同本是现代政治生活的常态组成部分，但香港独特的殖民地历史造成了香港社会在国家认同问题上出现了非常奇特的"真空"现象。一方面，多年殖民管治的浸染，使得香港人与自己的文化母体——中国产生了相当的区隔感，并导致回归后香港社会的不少成员对于认同中国这个现代国家存在心理和认知上的障碍。但是，身为殖民地居民和血统意义上的华人，香港人既不能拥有，也不被港英政府要求拥有对于英国的认同。英国在香港建立的是殖民地统治秩序，在政治、经济、社会文化甚至空间聚落上把殖民地的英国精英与普通华人社会几乎隔绝开来，令本地华人社会亦无法建立起对英国的认同。因此在中国和英国"两不管"状态下，除少数获得英国公民身份的华人外，香港人的国家认同长期以非常独特的形式处于缺失状态。国家认同的空白不能不说是香港政治的一个显著特征。

第二，与国家认同的缺失相连的，是香港社会在回归后如何看待内地及如何处理与内地关系的问题上产生了严重分歧，无法形成共识。由于在国家认同观念上的混沌状态，使得香港社会在回归后不但不能在如何处理与内地的关系上形成共识，而且几乎所有的"跨境问题"都会引发严重的社会争论。但无论是高铁计划还是"双非"儿童，这些争端的核心都在于两个问题，即：回归中国后的香港应该同内地建立起怎样的关系？以及香港在与内地的关系中应该处于什么位置？融合论者认为香港应该积极加入内地的经济文化和社会发展中，并藉此继续发挥香港的优势和独特作用；而隔离论者则认为香港应该与内地继续保持甚至巩固相互之间的区隔，并藉此完整保持香港的独特性和自主性。而即便在已经开展的与内地交流和交往的过程中，香港人应该如何定义自身的位置这一问题也始终未能得到解决。

第三，国家认同的缺失，还严重影响香港人的国际观。国家认同的缺失，另一个直接后果就是导致香港社会无法清晰定义自己在国际上的位置以及自身与外部世界的关系。香港究竟是中国最繁荣的经济城市，还是亚洲的国际都市？还是不代表任何国家的全球自由港？香港在与外部世界的交往中，究竟是代表中国最现代化的一面，还是仅仅代表自身的发展历程？特别是在经过了一百多年的西方殖民统治后，香港社会如何能够在回归后以平等、自然、不卑不亢的眼光看待往昔的殖民者，仍是一个有待完成的学习过程。在这一点上，香港的某些老一辈政治人物热衷于到西方国家的政府和议会就"一国两制"和香港问题反映情况、争取国际支持的做法实在有待商榷。实际上英美等西方国家秉承现实主义的对华外交战略，极少对香港政治人物的类似行为作出官方的积极回应，常常也是敷衍了事；但这仍然没有减低个别香港政治人物不断重复这些行为的"乐趣"。香港的回归，由于没有经过"去殖民化"的过程，香港与西方阵营的相互关系始终未能得到厘清，这不能不说是一个对特区管治和国家整体安全的潜在威胁。香港有识之士自然也清楚地认识到了这一点。2013 年初，哈佛大学教授、曾荣获国际数学界最高荣誉"菲尔兹奖"及"沃尔夫数学奖"的香港学者丘成桐在《明报月刊》专门撰文指出：

> 九七年回归时看着英国国旗降下，中国国旗升上时，真是感动不已。两百年来国家民族的耻辱终于去除了，这是我曾祖父、祖父以至父亲都期望着的一天。我想中国人终于在自己的土地上当家作主，可以完成自己的理想了，殖民主义者再不能假借自由为名来欺负香港老百姓了。
>
> 香港回归时，电台访问我，问我期望什么，我说香港有一个独特的位置，有一流的大学，有很好的人才，可以成为一个引领中国进入现代化的大城市。但是曾几何时，我在媒体上看见的大都是抱怨和灰色的事情，实在令人失望……在民间，老百姓示威游行，抱怨中央干涉太多。我发觉我在港的很多朋友并不赞成游行的口号，我也觉得奇怪，难道中央参与香港的事务比当年殖民政府还要多吗？竟然有一小撮人要升起港英旗，忘记我们祖宗曾受英国凌辱，也忘记了先烈们为国家流的血。①

香港社会在政治认同——特别是国家认同问题——上的摇摆和不确定性成为回归后特区管治的一个重要障碍，也是中央政府与香港社会之间建

---

① http://www.mingpaomonthly.com/cfm/Archive2.cfm?File=201302/feature/01a.txt&Page=2.

立政治信任的重要障碍。对国家认同的缺失，不但影响到香港人对自身政治身份的定义，而且阻滞了回归后的香港特区与祖国内地建立起和谐、健康的关系，同样影响了香港在后殖民时期与外部世界（特别是西方世界）的平等交往。在这样的状况下，中央政府把香港作为完全可以信赖的国家金融中心的可能性实在太低——因为金融安全首先需要有政治安全的保障。2014 年，北京临时取消亚太经济贸易合作组织（APEC）财长会议在香港召开的安排，是中国外交史上非常罕见的做法，但直接反映了在当前的政治状况下，中央政府对以香港为场所开展国家级经济外交活动存在的安全顾虑。这仅只是京港之间的政治信任关系被摧毁所造成的后果之一。

香港的心结

毋庸讳言，香港社会和中国内地在二十世纪都曾经历过十分复杂而特殊的历史过程。香港社会在国家认同上的迷失，与这些历史进程所造就出的极为复杂的心理图景是分不开的。就北京而言，要了解香港政治的困局以及寻找帮助香港走出困局的道路，就需要了解香港社会真正的心结所在。

在香港社会色彩斑斓的集体心理图景里，首先映入眼帘的必然是香港社会由于特殊的历史因缘而形成并传承下来的避难者心理。二十世纪中国内地的战争和政治动荡频仍，因英国的殖民统治而得以与内地隔离开来的香港，成为很多战争和政乱受害者逃避厄运的避风港。香港人口的基石就是由这些"逃港者"所奠定。无论循正常还是非正常的途径来港，无论是因为躲避国共内战还是逃避"文化大革命"，无论是由于个人的政治抑或经济动因，这些在不同时期从中国内地来到香江谋生的南下移民都或多或少地有着逃难者的形象和心态。而香港当代社会，从源头讲，除原居民外，就是由这样不同的逃难者组成的环环相扣的社区所构建的。这种集体的难民心态首先是基于对中国内地的恐惧心理，希望与中国内地保持安全距离，并永远保持香港作为政治经济避风港的地位。由于逃难者生活的不安定和艰辛，也使他们之间的组织网络更加依靠熟人之间的信任，而排斥陌生人（特别是新到的陌生人）的加入。内部团结而对外排斥几乎是任何形态的避难者社区所拥有的集体心理，香港自不能外。同时，由于这种特殊历史背景，也使得香港社会的集体心理在传统上比较乐于见到内地不好的、落后的一面，而有意忽略内地的发展和变化，以利于自身心理上的安慰和修复。但这种集体心理传承到年轻一代，便造就了香港社会对中国母体实际上总是或明或暗持一定的恐惧和厌恶心理；经过家庭和同侪教育代代相传，最终在二十一世纪形成香港社会与中国内地建立良性关系的重要障碍。

其次，二十世纪特殊的历史进程也造就了深藏在香港社会集体记忆之中的受害者心理。香港的华人移民，很多是中国内地历次政治动荡、战争和政治运动的受害者；而受害者心理主要表现在持续的不安全感以及对政治权力的高度敏感。这种敏感也可以部分解释香港社会为何在不少时候会给外界以"风声鹤唳、草木皆兵"的感觉，甚至香港社会有时会如唐·吉诃

71

德（Don Quijote）般同自己制造的风车作战。正是因为这种对政治权力的敏感，使得香港社会的社群生活极度政治化——不少实际上并不特别涉及政治的社会问题、经济议题甚至民生议题都会被包装上对权力的恐惧幻想，从而被政治化。如京港高铁的建设计划、"双非"儿童、单程证移民等社会和经济问题，往往被认为是"殖民阴谋"、"政治操弄"、"中港融合阴谋"而受到非常政治化的攻击和指责。2012 年 1 月，几位香港市民在尖沙咀海港城杜嘉班纳（Dolce & Gabbana）零售店橱窗外摄影时，遭该店保安以保护橱窗设计知识产权为由予以阻止。涉事市民声称，D&G 职员曾表示如果是中国大陆旅客，则可以摄影。此事于本地网上讨论区发布后，引起极大的社会反响。1 月 8 日，近千名市民响应网上号召，于下午3 时许到风波起源的 D&G 分店外聚集表示抗议。集会期间，不断有人高呼"可耻"、"道歉"等口号，亦有新人专程前往拍摄婚纱照、毕业生拍摄毕业照以示对示威活动的支持。事件持续数日，最终以 D&G 总部发布道歉声明而告一段落。D&G 事件是香港社会自回归后集体心理中尚存的"受害者"一面的集中爆发。

伴随着受害者心理而来的亦有"弱者"的幻想。即便是在己方已处在绝对优势地位的领域，也会时刻感到有可能被攻击或消灭的危机。譬如，对于代表香港本地社会的文化标志广东话和繁体字，在"一国两制"架构下，北京实际上从未有过任何要求作出更动的政策或措施，甚至广东省的粤语广播电视能够在全国文字改革工作中得到例外优待，也正是以照顾港澳观众的理由而得到北京首肯的。但香港社会也会对明明处于极为强势地位的粤语和繁体字产生莫名恐慌，并在不少方面反应过激。连正常的、对香港中小学生个人前途有利的有限普通话教育也被认为是来自北京的政治打压，甚至有更为极端的人士指责访港数日的内地游客不能用粤语交流，是对本地文化甚至"高度自治"的践踏。这不能不说是受害者心理在日常政治和文化生活中的体现。

再次，与香港特殊的历史进程相联系的还有香港社会对深圳河以北的政治体系所长期抱有的政治帝国幻想。这种政治帝国幻想是多面的、复杂的。它既包括香港作为中国南端的一城对政治母体的依赖，又包括香港自我描画出的政治、文化上的弱者形象与庞大的中国政治、经济、文化母体之间在权力关系和相互影响上的不平等与不平衡。香港人的俚语习惯称呼中央政府为"阿爷"，成也"阿爷"，败也"阿爷"。举凡股市、楼市、汇市甚至经济景气的涨涨跌跌，无不被香港社会用"阿爷"来作解释。这种市井的逻辑却真实反映了体积庞大的中国本土在香港人的集体心理中所投射下的倒影。香港人集体心理中的帝国幻象激发出其作为想象中的、受到权力欺凌和威胁的"弱者"的高度自我防护意识。因此，在政治和社会生活的方方面面，香港人的思维方式、处事办法以及行为结果无不与面对庞大的中国本土时内心的恐惧和无力感紧密相关。在中央商讨香港回归事宜时，香港中产阶级曾爆发的"移民潮"即是明显例证（见图 3—2）。从某种意义上讲，近一两年在香港兴起的"城邦自治"、"自主修宪"甚至"独立建国"等思潮，无不是由这一政治帝国幻想所带来的恐惧感在本地政治思潮层面的展现。

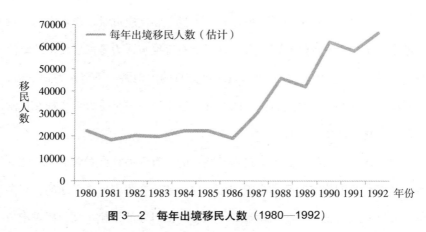

图 3—2　每年出境移民人数（1980—1992）

资料来源：根据港英政府布政司署的统计数字制成。

　　最后，深藏在香港社会独特的集体心理背后的，还有历史形成的优越感和代际相传的对于中国内地政权的负面情绪。中国内地和香港在十九世纪到二十世纪的一百多年间所经历的迥异的历史过程，使得两地之间无论在经济发展、人民生活还是管治素质、司法保障方面都曾存在鸿沟。特别是七八十年代以来，香港经济在国际冷战的大环境下得以趁机飞速发展，成为国际知名的自由港、航运中心和金融中心，更是让这座城市在整个大中华文化圈散发出炫目的光彩。社会政治经济各方面的差距，使得香港社会对于中国母体往往抱有强烈的优越感；而这种优越感由于历史的惯性，被传承到回归之后，令香港社会往往以固有和静止的心理和观念模式看待正在以惊人速度经历发展变化的中国内地，由此形成观念上与时代的落差。

　　另外，香港在历史上作为主要接纳来自内地的避难者的自由港，人口的来源和组成结构亦决定了，香港的第一代移民多数对中国内地的政治权力抱有天然的、程度不一的负面情绪——从厌恶、恐惧到抗拒、反对——并且通过家庭和社会教育将这种情绪传递到年轻一代。香港社会在看待和处理与中国内地关系的集体社会心理背后，深藏着这种具有惯性的优越感和代际相传的仇恨感互相纠结浸染而产生的复杂情绪。这种基础性的社会心理往往是不论意识形态分野，为政治意识形态光谱上处于左、中、右不同位置的香港社会群体所共同拥有。

回归以来，香港人的集体经历同样不断往香港人的身份认同里增加新的内容和凝聚力。2003 年，香港全城在传染性疫症的威胁之下，同心协力、众志成城对抗疫魔并取得胜利，这使得香港人在回归后第一次通过共同经历加深彼此之间的情感纽带。在中国文化里，"共患难"从来都是建设共同体认知的最有效途径。另一个具有标志性的事件则是 2010 年 8 月23 日突然发生的马尼拉人质事件。当日上午九时半（马尼拉时间），被革职的菲律宾国家警察前高级督察罗兰多·门多萨（Rolando Mendoza）持枪劫持了一辆载有香港旅行团的旅游巴士，车上共有 25 名人质，大多数为持有不同旅行证件的香港人。香港媒体对事件进行了持续报导，特别是晚间该事件进入最后关头时，香港各主要电视台都进行了现场直播。无数香港人聚集在电视机前，当看到枪手行刑式射杀人质时，香港社会感到前所未有的共同的愤怒和无助。事件共造成香港居民八死七伤。在随后的外交交涉过程中，香港社会展现出从未有过的同仇敌忾，向两任特首（曾荫权和梁振英）领导下的港府施加了巨大民间压力。这种创伤性的共同经历和记忆，大大加速了香港人的身份认同在二十一世纪的构建和深化。

香港社会独特的集体社会心理是同这个城市在上世纪及本世纪的独特历程无法分开的，它来源于香港社会的共同记忆，也是构成香港社会集体身份的认知基础。不能不说，在二十一世纪的今天，香港社会集体心理的不少构成要素对于未深入了解这座城市历史的人来说已经过时，甚至可笑；然而，作为社会共同体所分享的记忆和情绪，改变起来是非常缓慢的，不可能随着政治情势的变化而发生暴风骤雨式的剧变。在理解和处理香港政治困局的过程中，如果不承认甚至无视香港社会现实的集体心理和共同记忆的存在，将会是缘木求鱼、适得其反。实际上，1997 年以来香港政治中曾引发社会争论和分裂的主要议题，无不与香港社会复杂的集体心理图景之间存在着重要关联，为政者不能不察。

北方来客

香港人身份之惑中最重要的部分恐怕是如何看待源源不断从深圳河以北来到香江的陌生人。作为一个自由港和岭南文化生活圈的重要组成部分，香港历来就与中国南部特别是广东省有着密切的人员往来和联系。香港人大多数都有"乡下"，这地名是他们的祖籍和文化根源，伴随他们一生，最后要镌刻到墓碑之上作为生命的结语。香港人亦常常要"返乡下"，回内地的证件因此被称为"回乡证"，与广东话口音不纯的对手发生争吵时也常要求冲突的另一方"返乡下"以作为羞辱。每一代香港人对于在自己之后才来到香港的、更新的移民都抱有复杂的态度。这种态度既由香港社会的集体心理图景所塑造，也受不断变动的政治、经济大局所影响，并不断被整合到香港的历史记忆中，成为香港社会心理新的组件。

　　香港的既有移民往往用香港和内地来划分自己与新来移民之间的关系，这一区分甚至是岭南文化圈的常态。如一位网络评论者在 2005 年所写，"香港称深圳为内地，深圳称广州为内地，广州称广东其他地方为内地，广东人称全国人民为内地人；地球是圆的，我不知道到底哪里是内地"。或许是因为台湾话语的影响，一些香港人习惯把内地居民称为"大陆人"；但孰不知，香港特区除了港岛和离岛外，其他区域（九龙、新界）就地理而言都是处于中国大陆之上的。因此，香港人对自身和他者的区分并非仅仅是地理意义上的，而更多是外表、文化和生活方式上的区分。港英时期香港人称呼北方来客为"表叔"、"表哥"，既反映了香港社会与内地社会常常存在亲缘关系，但更反映了香港人在土气、穷酸的内地来客面前的优越感。作家汪惠迪曾记述道：

　　　　1979 年，香港播映一部电视连续剧，叫《网中人》，里边有个角色叫程灿。程灿是刚从大陆到香港的移民。他在一个陌生的环境里，面对陌生的人、陌生的文化、陌生的价值观……一切都陌生的他，跟周围的人和事，自然就产生种种的不协调。后来，"阿灿"就成了来自大陆的新移民的代名词，并衍生出"灿哥"和"灿妹"，均含贬义。①

---

①　http://www.huayuqiao.org/articles/wanghuidi/wangxp3.htm.

在香港本地与北方新移民之间的区分，往往是构成香港人身份认同的重要组成部分；这种区隔，在 1997 年香港回归之前和之初，是以香港人面对内地的文化、经济优越感为主要内容的。即便是在二十一世纪香港人在面对内地精英阶层时已开始用"港灿"的新词自嘲的时代，这种遗传而来的优越感也偶尔会在他们集体面对社会地位较低、文明程度不高的新移民时显现出来。2014 年 5 月的"厚多士"事件中，香港社会嘲笑一位广东话仍有口音的新移民妇女在港铁车厢违规进食及霸位，对内地底层移民的不文明、怪异、无教养的"乡下"做派加以尽情嘲弄，就体现了这种区分背后的社会文化意涵。

1997 年香港回归后，香港社会在对北来新移民的观念中，逐渐加重了其原有集体心理中避难者及受害者的情绪，政治帝国幻想的影响则大大提高。因此，在旧有的集体心理的笼罩下，随着中国经济体量的不断增大，香港社会对于新移民的负面态度逐渐从一种新的"帝国论述"中找到正当性。根据这一论述，大量南下的新移民被视作北方政治帝国"殖民阴谋"的一部分，目的是"沟淡"土生土长香港人的成色，而直接政治后果是北京以新移民为工具加固本地建制派的票源和支持力量，最终要实现的是香港完全融入中国的本土。在以"帝国论述"为基础的宣传下，香港社会对新移民的到来产生新的恐惧。越来越多的文化"他者"的到来会不会改变香港的核心价值与身份认同？与之相联系的是对香港在人口构成上将可能越来越"大陆化"的惊慌。某些政治力量也以此为筹码向中央政府提出让香港收回单程证审批权的政治要求。

　　九十年代以来，香港人眼中的基层新移民主要是循单程证途径合法来到香港的。"单程证"的官式名称是"中华人民共和国前往港澳通行证"，实际上是中国政府发给内地居民合法移居到香港或澳门的出境许可证。中华人民共和国成立前，中国内地和香港之间并没有执行严格的出入境控制措施。五十年代初，北京开始封锁内地和港英及葡澳之间的边境管理线，内地居民前往香港和澳门两地受到监管。为了保证确有家庭团聚需要的内地居民能够有合法渠道前往港澳定居，中国单方面发出出境许可证，成为"单程证计划"的前身。八十年代，港英政府与中国内地经过协商，决定为单程证的发放设立逐日的名额。该名额经过逐次修订，在港英政府提议下于 1995 年增加到每日 150 名，一直沿用至今。

　　从港英时期起，单程证计划就是以两地政府的互相配合为前提得以运作的，基本的分工则是由港方负责拟定名额，而内地方面负责审批发证。这一中英之间在 1997 年之前的惯例和默契在回归后通过基本法第二十二条第四款延续下来。该条款规定，"中国其他地区的人进入香港特别行政区须办理批准手续，其中进入香港特别行政区定居的人数由中央人民政府主管部门征求香港特别行政区政府的意见后确定。"从一定意义上讲，单程证制度并不是一个十分人道主义的制度，实际上是一个人为地大幅度延缓有需要人士来港实现家庭团聚的行政过程，目的是避免过多的南下移民对香港社会造成冲击。单程证制度的政策目的并非是便利或者鼓励内地居民来港家庭团聚，相反是为了管控南下的移民浪潮，以行政手段阻滞人口流动，从而保证香港社会的总体安定。

从 1997 年 5 月起，中国各省、自治区、直辖市的公安厅（局）在审批赴港澳定居证件时，均采用全国统一的打分制来进行排队轮候。申请单程证要经历极为繁琐的个人申请、材料审批、打分排队、公布名单和签发证件等阶段。而现行的每日 150 个配额中，60 个配额分配予符合香港和澳门居留权资格的儿童，30 个给予长期分隔两地的配偶（10 年以上），60 个配额给予不论年期分隔两地的配偶、内地无依靠的儿童来港澳投靠亲属、内地居民来港澳照顾无依靠的父母、内地无依靠的老人来港澳投靠亲属以及来港澳继承直系亲属产业的人士。一般而言，以夫妻团聚为例，一名香港永久居民与内地居民结婚之后，内地配偶约需四年至五年时间方可获得单程证。根据学者研究，"截至 2011 年 1 月，全部受访者等待单程证审批的平均年期已达到 6.5 年，其中最长的等待年期已达 16 年左右"[①]。另一方面，在夫妻和家庭团聚等候时间如此之长的情况下，每日 150 个单程证的配额实际上多年都并未用尽。《东方日报》于 2015 年 1 月曾做过如下的报道：

> 现时单程证配额为每日一百五十个，不过多年来配额都无用尽，除了一二年平均每天用去一百四十九点三个配额外，〇八年以来每日使用的配额都是维持在一百一十多至一百三十多的水平。单程证制度推出数十年间，曾多次进行调整，包括引入"配额制"及"打分制"等，

---

① 毛俊响、杜倩：《单程证申请程序中的有关问题的法律分析》，《"一国两制"研究》2014 年第 4 期。

第 3 章　香港人之惑

　　实施目的是让内地居民有秩序地来港定居与家人团聚。①

　　因此，单程证制度的两个显著特征是：它的行政起源是中央政府签发给内地居民的出境许可证，在当前的主要意义是以配额的形式控制南下香港的家庭团聚人口，以免给香港特区的社会、经济秩序造成过大的影响。"单程证"制度的实质是：中央和内地省市政府在控制较低社会阶层人员南下港澳成为"新移民"的过程中，从香港的整体和长远利益出发，替特区政府做了阻滞中港家庭团聚的"恶人"。② 但在其他对香港更直接有利的人口输入方面，中央政府是完全授权给香港特区政府自行处理，也没有设置任何障碍。如学者宋小庄曾指出：

　　　　香港回归以来，特区政府制定了一系列的"一般就业政策"、"输入内地人才计划"、"优秀人才入境计划"等输入人才计划，审批权就属于香港特区政府。"资本投资者入境计划"，旨在吸引内地和海外的富有移民，审批权也在香港。又如公帑资助的高等教育院校录取的

---

① http://orientaldaily.on.cc/cnt/news/20150112/00176_003.html.

② 在这种一方面大量申请人（特别是香港永久居民的配偶）长年排队不得，另一方面单程证配额又远未用尽的情况下，可以设想如果特区政府获授权审批单程证，入境事务处将会立刻面临来自香港社会（特别是跨境婚姻家庭）的巨大人道主义压力。2000—2002 年期间，由于居港权争议而引起的暴力冲击甚至纵火事件，香港社会应该历历在目。可想而知，"单程证审批权"这个烫手的山芋，从当年的港英政府到今天的特区政府亦未必愿意接过。

非本地学生人数，最多可占核准学额的 20%，也是特区政府决定的。他们在"非本地生留港／回港就业安排"下可以毕业后留港求职一年，也都是特区政府自行制定的。这些人中的绝大多数都是来自内地，只要香港审批了，中央和内地地方政府就统统放行……① （注：该文发表于 2013 年，以上引文内所提及的各计划可能已由特区政府修改、合并或取消）

爱恨"自由行"

回归后特区与内地之间越来越密切的人员往来，更直接地体现在来自中国内地的旅行团和自由行游客的急速增加上。内地游客的增加，竟然成为香港反中情绪的一个主要发泄口，恐怕是特区政府始料未及的。这其中的原因是多方位的。在港英时期，中国内地和香港之间保持了不对称的隔离。一方面，香港普通市民前往内地几乎不受到什么限制；另一方面，除极少量的单程证名额之外，内地居民基本无法移居香港，即便是因私或因公前往香港，也必须经历极为严格及繁琐的审批程序。回归之后，从保证香港的经济和社会秩序连续性的角度出发，中央政府无意对人员往来上的不对称作出改变。据统计，2002 年，香港前往内地旅行的人数达 5565 万，而同期内地居民访港人数为 683 万，仅占香港居民访问内地人数的

---

① http://paper.wenweipo.com/2013/10/30/PL1310300004.htm.

12.3%。[1]

　　后来引起香港社会巨大争议的"自由行"政策实际上是特区政府为解决香港内部所面临的困难而率先提出的。"自由行"是中央政府与特区政府于 2003 年签订的《内地与香港关于建立更紧密经贸关系的安排》(*Mainland and Hong Kong Closer Economic Partnership Arrangement*, "CEPA")的一部分。这个协定的来源是时任香港特区行政长官的董建华代表特区政府首先向北京提出两地之间建立类似自由贸易区安排的建议。在 2001 年 12 月 19 日董建华上京述职时,该建议获中央政府原则上接纳。后经过约一年半左右的商讨,于 2003 年 6 月和 9 月正式签署正文与附件,付诸实施。CEPA 第四章第十四条第(一)款明确提出,"为进一步促进香港旅游业的发展,内地将允许广东省境内的居民个人赴港旅游。此项措施首先在东莞、中山、江门三市试行,并不迟于 2004 年 7 月 1 日在广东省全省范围实施"。2003 年 7 月 28 日,自由行措施正式开始在广东省四个中等城市试行,9 月则扩大到北京、上海、广州、深圳和珠海。后经过数轮范围扩展,自 2007 年元旦起已经适用于全国 49 个城市,涵盖了内地主要的省会和经济发达城市。[2] 需要指出的是,CEPA 签定之后"自由行"城市数量的历次扩展都是应香港特区政府的要求进行的,并非出于北京的主张。《紫荆》杂志在 2015 年 4 月发表的一篇文章曾写道:

---

[1]　郭国灿:《回归十年的香港经济》,三联书店(香港)有限公司 2007 年版,第 299 页。

[2]　关于 CEPA 和"自由行"政策出台的经过,参见郭国灿,同上,第 294—326 页。

每遇检讨"自由行"，香港相关部门就抛出一些游客减少的数据来加以反对，对此不能偏听偏信，助长香港过度依赖"自由行"保持经济增长，对香港提升竞争力和长远发展非常不利。内地旅客增速适当减缓或者总量适当减少，有利倒逼特区政府加大力度调整产业结构，有利倒逼香港旅游界开拓国际游客和改善客源结构。①

特区政府之所以如此急迫地要求内地在 2003 年 CEPA 协定签署仅仅一个月之后即仓促开放"自由行"政策，并在之后迅速扩大该政策的适用地域，这是与香港当时面临的政治和经济上的严重困境分不开的。2003年，香港经济在 1999—2001 年全球经济复苏而带来的极为短暂的"小阳春"之后，又陷入了新一轮的衰退周期，资产价格持续下跌、经济通缩，财政赤字和失业率高企。雪上加霜的是，2003 年初，一场突如其来的SARS（严重急性呼吸系统综合征）疫情更使得香港几乎一时间成为"死城"。在经济衰退和公共卫生危机叠加的情况下，2002 年底由港府主持开展的根据基本法第二十三条为香港进行国家安全自行立法的工作，逐渐演变成为反政府政治运动的契机。2003 年 7 月 1 日，约五十万香港市民走向街头，抗议香港政府施政，游行人数大大超过港府预期。在这种政治、经济和社会危机交错的局面下，特区政府希望通过签订 CEPA 开放内地与香港之间的金融、投资、服务和人员往来，解决两地生产要素

---

① http://www.hkcna.hk/content/2015/0407/354943.shtml.

流动（特别是人员流动）方面一直以来存在的严重不均衡性问题，为香港发展注入一支见效快、效力强的强心针，以图迅速平复社会上积累的民怨。

"自由行"从一开始就是在港府为了舒缓本地经济和社会危机的主张下进行的。无论是开办"自由行"，还是历次扩大"自由行"城市范围，或是 2009 年开办深圳户籍人口（除政府备案人员外）"一签多行"政策，都是由港府方面首先提出、由内地政府予以协助实施。后来引起香港社会较大反应的"一签多行"政策，也是为了应对 2008 年开始的全球金融危机对香港造成的严重负面影响而采取的救急之策。香港政府的原意是希望将该政策逐步推广到广东省全境，最终由于内地方面对香港接待能力存在顾虑而没有付诸实施。①

实际上，中央政府和内地地方政府当年对于开办和扩大香港"自由行"一直抱有较特区政府更为谨慎的态度。据立法会议员方刚披露，2003 年在港府要求中央政府开放自由行时，主管副总理吴仪"也曾对香港的承受能力感到担忧"。方刚回忆说，吴仪当时表明自由行政策"易放难收"，质问香港能否负荷。但当时港方"没有深刻去想这句话，因为当时我们很饿，最重要是你放人进来，让我们的生意兴旺一点"②。虽然存在各方面的顾虑，北京仍本着尊重"港人治港"、高度自治的原则，从保证香港的繁荣稳定的大局出发，对港府的相关建议均给予了首肯和支持。但后续情况

①　http://news.xinhuanet.com/fortune/2012-06/29/c_112323002.htm.

②　http://www.bbc.co.uk/zhongwen/trad/china/2014/05/140501_hongkong_china_tension.

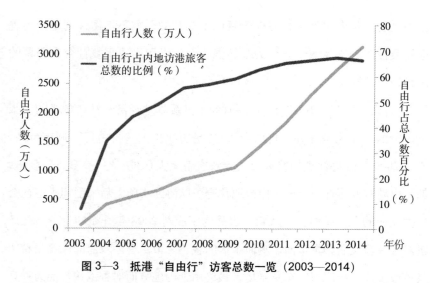

图 3—3　抵港"自由行"访客总数一览（2003—2014）

资料来源：2002—2013 年数据来自香港旅游发展局编纂的历年《香港旅游业统计》；2014 年数据
　　来自香港特别行政区旅游事务署网页之香港旅游业表现：http://www.tourism.gov.hk/tc_
　　chi/statistics/statistics_perform.html。

证明，港府在提出这些建议时，无论是政策还是行政上的准备都是欠缺
的，对这些新的政策可能引起的社会后果也存在严重的估计不足，由此而
对内地与香港关系造成极大的负面影响是非常不幸的。

　　随着"自由行"的开办和扩大，为港府所始料未及的社会后果开始
出现。首先，"自由行"以及在本港旅游业的推毂下内地赴港澳低价旅行
团的急遽增加，使得内地赴港澳的游客数量出现了井喷。根据特区政府旅
游事务署的统计，内地来到香港的游客人数，从 2002 年 638 万人次骤升至
2014 年的近 4720 万人，其中有 3130 万（66.3%）人次使用"自由行"签

注访港。① 图 3—3 显示 2003 年至 2014 年间，无论内地赴港"自由行"旅客人数还是"自由行"占全部内地旅客总数的比例都呈现出较快的增幅。数目如此众多的内地旅客出现在香港街头，是香港社会开埠以来的首次。在香港针对内地的疏离、敌对和恐惧的整体气氛尚未得到改善的状况下，如此规模庞大的内地人口进入香港，对香港社会心理层面的冲击是十分惊人的。

第二，"自由行"是特区政府在香港的公共设施并未做好充分接待准备的情况下仓促实施的，因此随着开办规模越来越大，庞大的"自由行"人流带来的必然是香港公共设施的挤迫。港府官员对这一现实问题的回应亦不甚得体。譬如，商务及经济发展局长苏锦梁在回应记者关于旅客逼爆香港地铁问题时，简单指出港人搭地铁"可能要等多一班"而已，完全漠视已达沸腾程度的民情民怨，社会反响极为恶劣。这也反映了"港人治港"在政治沟通能力上存在的"短板"。

第三，大量内地旅客短时间内涌向香港这个咫尺之地，将原本存在的内地与香港在社会发展和居民素质上的差距予以放大，在香港媒体的集中狂轰滥炸和反对派政治势力的操作下，变成所谓两地矛盾问题。香港社会主要由都市人口组成；而内地是一个兼具城市与农村，且农村人口远远大于城市人口的极大的地理概念，不同地区之间城市化的节奏和速度亦不相同，人口素质参差不齐。同时，港澳"自由行"政策不适用于中国几乎所

---

① http://www.tourism.gov.hk/tc_chi/statistics/statistics_perform.html.

有的体制内精英阶层。① 再加上随着中国内地赴美、欧、日等发达国家旅客人数的急速增加以及赴台湾地区个人游项目的开办和扩大，也使得赴港旅游人员逐渐向内地三四线的、经济较为落后的城镇甚至农村地区发展。种种因素叠加，造成了来港内地旅客显得总体素质不高、文明习惯有限的问题，再加上香港社会对内地的固有负面印象和对于"大陆化"的恐惧和担忧，这些内地游客的行为往往引致香港市民极为强烈的反应。对于这种情况，特区政府未进行足够的解释工作。

第四，"自由行"的开办和扩展也产生了一系列的连带社会问题，对香港市民的日常生活带来了较为显著的影响——对此特区政府未能给予及时的回应和处理。这些连带的社会问题主要可以分为三类。第一类，香港商家因应不断增多的内地旅客的购物需要，开设越来越多的金铺、药店和廉价化妆品店，逐渐挤走那些原本为香港本地社区服务的店铺，引起香港市民生活不便。如香港《经济日报》2014 年 2 月曾报导，香港核心区商铺的租务"仍由金行、药房及南韩化妆品 3 类租客支撑大市"②。铜锣湾核

---

① 根据中组部、中央金融工委、中央企业工委、公安部和人事部 2003 年公通字第 13 号文件，下列三类人员因私出国出境均须由所属单位批准，不适用于"自由行"政策。这三类人员是：（一）各级党政机关、人大、政协、人民法院、人民检察院、人民团体、事业单位在职的县（处）级以上领导干部，离（退）休的厅（局）级以上干部；（二）金融机构、国有企业的法人代表，县级以上金融机构领导成员及其相应职级的领导干部，国有大中型企业中层以上管理人员，国有控股、参股企业中的国有股权代表；（三）各部门、行业中涉及国家安全及国有资产安全、行业机密的人员。参见 http://www.moc.gov.cn/zizhan/siju/renlaosi/zhengceguiding/lingdaoganbu_GL/ganbujiandu/200710/t20071029_443045.html。

② http://ps.hket.com/content/46745.

88

心地段原先主要供本地人消遣的电影院也被迫让位于适应游客需要的大型奢侈品零售店。这些变化不但是对香港人日常生活的冲击，而且是对香港社会文化和空间结构的改变，社会后果是相当严重的。

第二类，随"自由行"而来的，还有大量的内地孕妇藉由经香港终审法院在"庄丰源案"中确认的"出生地主义"的居港权原则，跨境来到香港生育下一代。随着此类父母均非香港居民的"双非儿童"生育个案越来越多，跨境孕妇不但开始挤占香港的公立医疗资源，而且还带来了从基础教育到社会福利等一系列后续的社会问题，会引起香港社会的极大反响是相当自然的(见图3—4)。这一问题直到梁振英政府时期才逐渐得到初步有效的遏制。

第三类，是"自由行"——特别是适用于深圳户籍居民的"一签多行"政策——加剧了香港原本就存在的水货客跨境走私等问题。"一签多行"

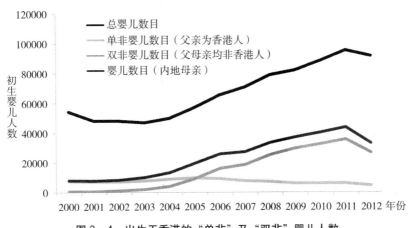

图 3—4　出生于香港的"单非"及"双非"婴儿人数

资料来源：香港特别行政区政府统计处：《香港人口推算：2012—2041》，2012 年 7 月版。

使得深圳的部分居民也可以加入水货客大军。特别是通过"淘宝"等电子平台的代购生意兴起后，更使得内地持多次签注来港扫货的水货客有增无减，严重恶化了香港北部边境地区的居民日用品缺乏、走私猖獗、人流阻滞和社会秩序混乱等状况。《紫荆》杂志曾报道：

> 赴港"自由行"包括"一签多行"政策，引发走水货、打黑工、罪案增加等社会问题。香港特区政府入境事务处监察名单内有 13500 名怀疑从事水货活动者，因此拒绝入境的旅客一年约 29000 人次。深圳相关部门曾表示，常年从事水货活动的约 2 万人，多时约 3 万人，其中六成是港人。上水、屯门、元朗、中英街等水货活动集中的区域，香港居民的生活受到影响。①

这些连带的社会问题，是特区政府在力主开办"自由行"之初就应该想到而没有想到的；而在发现问题之后，前两任特首领导下的港府也基本上是应对迟缓，甚至应对无策，不但使得问题继续恶化，而且使民怨加速沸腾，有意无意地为某些势力以此为借口进行"反中"的政治操弄制造出了空间。

香港社会围绕着"自由行"问题的大量争议，主要显示了"港人治港"、高度自治背后隐藏的问题。应该说，北京在回归之初始终坚持保留两地人员往来上适当的区隔是有先见之明的做法，也有利于保持香港社会

---

① http://www.hkcna.hk/content/2015/0407/354943.shtml.

在回归后的稳定。但港府在力主开办"自由行"政策时，显然仅仅从经济利益层面估算游客消费可为香港走出经济衰退作出的贡献，却没有考量这一政策所蕴含的深层次的社会和政治后果。无论如何，香港在开埠以来一个多世纪的时间里，始终未曾同中国内地发生过如此大体量、高频率的人员往来和交流。在决定开放"自由行"这道闸门前，特区政府是否考虑过香港公共设施的承受能力？是否考虑过香港市民的心理承受能力？是否估算过"自由行"客流对香港居民生活的影响？是否计划过针对可能发生的两地矛盾应如何疏导和化解？是否研究过香港本地居民原有的生活方式和社区空间应如何保持？

从另一个侧面看，港府在"自由行"政策上的操作也反映了"港人治港"背后若隐若现的本地工商业利益对特区政府的俘获。以港人为主组成的特区政府，不是顾及绝大多数港人的利益，而是把政策重心毫无顾虑地放到大商家、大财团一边。这既有港府从殖民地时期一脉相承的执政思路的影响，也不排除个别香港本地高级公务员存在个人私利的考量。廉政公署和香港媒体后来揭露出的高级公务员贪腐案件似可成为相关注脚。港府的这些政策行为，不仅未能使得香港社会普遍受益于中央的惠港政策，反而加深了香港市民对内地和内地人的反感和抗拒情绪，并间接影响到香港市民对于"一国两制"的支持程度，其引起的政治后果是十分消极的，对中央政府在香港的政治威信也造成了损失。但无论责任属谁，这些回归以来极不愉快的集体体验，使得香港社会对中国内地的负面情绪日益增长则是不争的事实。

深圳河的两边

发源于梧桐山的深圳河，古称"明溪"，自 1898 年中英签订《展拓香港界址专条》后更名为深圳河，成为香港新界与中国腹地的界河。这条长 37 公里的河流，流经深港约 312.5 平方公里的流域面积，在长达一个多世纪的时间内把港英辖下的香港和中华人民共和国辖下的中国内地区隔开来。但深圳河不仅仅是地理的分界标识，它更是社会及文化意义上区分两种制度、两种生活方式和两种身份认同的分隔线。长期以来，生活居住在深圳河以南的香港居民已经习惯了用复杂的眼光看待界河的另一边，并以此形成了自己独特的身份认同。这是北京需要尊重的历史和政治现实。

但是，身份认同的独特性并不应妨碍香港社会在脱离英国殖民统治、回归祖国大家庭后重建国家认同。1997 年以来，香港社会在国家认同问题上的缺失，已经成为明显阻碍中央政府建立对香港社会政治信任的主要因素之一。实际上，中国各个主要文化区和主要都市——从京派文化到海派文化——都存在各自不同的地方文化认同。这些地域性的文化认同并未妨碍中国各地区民众在统一的多民族国家框架下建立起对政治主权国家的共有认同。显然，也只有在对政治国家认同得以确立和保证的情况下，不同地方文化的繁荣和发展才能得到保障。

香港社会在回归后尚待解开的第一个心结，就是如何摆正香港的地方认同与国家认同之间的关系。在中国业已全面恢复对香港行使主权十八年的情况下，不应该也不允许存在把香港的身份认同和对中国的国家认同对立起来的政策和做法，更不应该存在否定中国认同，甚至侮辱中国国家认同的行为发生。显然，在国家认同淡漠甚至受到敌视的地区，中央政府的首要任务必然是确保国家的政治安全、领土统一和政权安全。只有在国家政治认同得到充分确立、国家政治秩序得到充分认可、国家政治标识得到充分尊崇的地方，中央权力才可能赋予地方社会以更大空间来繁荣属于本地区的文化图景和社区意识。

在政治认同这个根本性和原则性的问题上，香港特区政府、香港精英阶层不应对民意采取迁就的态度；相反，特区政府需要采取强有力的措施，加强与社会的沟通，通过卓有成效的政策引导，有针对性地改变历史形成的香港社会对内地存在的疏离、敌对和恐惧的心理状态，改善香港居民对内地的态度，以开放的态度处理香港与内地的关系。特别是在处理国旗、国徽、国歌等国家标志以及国家的统一语言、文字等问题时，要具有积极性和主动性，带头使用和尊崇国家的统一标识，以具体而微的形式促进国家认同的建立和巩固。驻港中资机构亦应以此作为自己重要的社会责任，积极帮助香港社会建立其对国家的基础性政治认同。

另一方面，就中央政府而言，在处理香港的政治认同问题时，似宜采取现实主义的态度。首先要尊重和承认香港历史的特殊性和香港社会在集体心理和身份认同两方面的独特性。在建立国家政治认同的过程中，要注意循序渐进，不能一蹴而就，更不能拔苗助长。中央媒体也有责任引导内地社会对于香港的看法和观念。对于中央惠港措施的宣传要适当得体，不能走向极端和偏颇。无论是"自由行"还是"东江水"，无论是"沪港通"

还是农副产品供港，就中央政府而言应看作是自己对香港特区承担的义务和责任，也是正常的双边贸易和经济活动，不应在宣传上进行过分渲染，以致造成反效果。实际上，"桃李不言，下自成蹊"，中央政府对港的一言一行、一举一动，在回归后无不呈现在港人高度关注的目光之下。恩怨是非，应该留给香港社会和香港舆论来进行适当评判，而不宜自我评判、自我宣扬。相信香港市民的眼光是公正也是理智的。

要解开香港社会在国家认同问题上的困境，钥匙还在香港。在二十一世纪，香港社会有责任以发展的目光看待自身的身份认同、国家政治认同和两地关系等重大问题。而国民身份的教育是每个现代国家都必须进行的工作，也是在政治上建立互信的必由之路。香港社会可以也有权参加到国民教育的内容大讨论中，适时监督国民教育的开展情况，纠正国民教育开展过程中不适当的做法，但抗拒、排斥乃至丑化国民教育则绝非香港社会与北京建立政治信任的适切做法。如果国民教育在香港社会不能有效展开、国家政治认同在香港无法确立，香港政治将很难走出困局；而在那样的状况下，国家政治认同这个本来不应该成为问题的问题将不得不成为政治上区分敌、我、友的标准，甚至成为政治忠诚度的量度标尺。如果真的发展到那一天，不但整个香港政坛会被形形色色的政治投机分子充斥，真的问题和真的人才也会被遮蔽和湮没，甚至连香港自身的文化和身份认同也可能在此过程中遭受到毁灭性打击。那一定是所有爱护香港的人都不愿意看到的结局。

第 *4* 章

谁掌管香港？

"港人治港"

在中央政府决定收回香港的政策安排中，"港人治港"与高度自治始终是"一国两制"大框架下不可或缺的两个组成部分，如飞鸟之双翼，折断其一则会整体坠落。事实上，从二十世纪七十年代末，当邓小平开始考虑香港问题时，"港人治港"始终是他所关注的主要着眼点之一，亦是香港得以回归的基础。据中共中央党史研究室研究人员潘劲国披露，在1982年5月9日同英国前首相希思的谈话中，邓小平明确指出：

> 香港的主权是中国的。在这个前提下，由香港人、包括在香港的外国人管理香港。我们新宪法有规定，允许建立特别行政区，由香港人自己组成政府，不管是华人、英国人或其他人都可以参加，可以作

政府雇员嘛，甚至成为香港政府的成员都可以考虑。①

同月，邓小平在同朝鲜领导人金日成的会面中，亦扼要表示，"不管怎样，香港必须收回。香港由香港人自己管理，组成地方政府"②。

随着时间的推移和对港政策设想的逐渐成熟，邓小平也为"港人治港"这个大原则厘定了治港必须以爱国者为主体这个前提条件。1982 年 8 月，在会见美籍华裔科学家邓昌黎、陈树柏等人时，邓小平指出，香港的管理，北京不派人，香港自己找人管，香港必须由以爱国者为主体的香港人管理。③ 从此，邓小平几乎在每次提到"港人治港"时都会强调"爱国"这个标准。邓小平认为，只要拥护国家统一、拥护中国收回香港，就是爱国者。1983 年 4 月 22 日，在中共中央政治局讨论中英关于香港前途谈判的会议上，邓小平专门表示，将来特别行政区政府应由香港爱国者为主体组成。他还表示，现在就要考虑培养人才，要考虑逐步参与管理。参与管理的只能是香港人，不能是香港新华社的人或北京派去的人。④ 这实际上排除了当时归属香港新华社管理的香港地下共产党组织在回归后接管香港的可能性。在中英谈判中，"港人治港"原则成为中国政府反对英国"以主权换治权"、"英人治港"方案的重要武器。

---

① 邓小平同希思的谈话记录，1982 年 5 月 19 日。转引自《试论邓小平"一国两制"构想中的"港人治港"思想》，《党的文献》2004 年第 5 期。

② 邓小平同金日成的谈话记录，1982 年 4 月 27 日。转引自上书。

③ 邓小平同邓昌黎、陈树柏等的谈话记录，1982 年 8 月 10 日。转引自上书。

④ 李后：《百年屈辱史的终结》，中央文献出版社 1997 年版，第 102 页。

　　邓小平设想中的"港人治港"方针具有几个方面的特征。第一，"港人治港"是"一国两制"完整体系中的核心内容之一，也是实现高度自治的组织基础。第二，"港人治港"反映了中央政府在回归之前对香港华人社会的高度政治信任。邓小平专门针对党内可能存在的疑虑指出，"要相信香港的中国人能治理好香港。不相信中国人有能力管好香港，这是老殖民主义遗留下来的思想状态"①。第三，邓小平亦明确"港人治港"必须是爱国者治港。他明确要求，香港特区管治的"参与者的条件只有一个，就是爱祖国、爱香港的人"。又说，爱国者的标准是"尊重自己民族，诚心诚意拥护祖国恢复行使对香港的主权，不损害香港的繁荣和稳定"②。第四，邓小平还特别强调香港政治人才的培养和接管问题。他说：

　　　　香港要培养人才，逐步参与他们的管理，行政也好，司法也好，财政各方面都要参与，搞好交替。香港的爱国者要考虑怎么样推荐和培养一批合格的人，特别是年轻人，逐步参与，将来才能把香港管好。③

邓小平甚至更具体地指示说：

---

① 《邓小平文选》第三卷，人民出版社 1993 年版，第 60 页。
② 同上书，第 61 页。
③ 《邓小平思想年谱（1975—1997）》，中央文献出版社 1998 年版，第 259 页。

参与，是香港人的参与。当然，也有中央政府的事。从现在起，四年内就要物色人，创造这些人参与的条件，做好准备工作。直接参与管理的人，要找一些四十岁、五十岁左右的中年人。一定要有一些比较年轻的人参加进去，才能接得上。参与得好不好同接收得好不好是一回事。①

"港人治港"方针的提出和最终确立，实际上是和三个方面的因素分不开的。第一，是香港回归之前，内地干部队伍的整体文化素质仍然亟待提高，大量高级干部来自于革命年代，戎马倥偬间既没有机会接受良好学术训练，亦欠缺管理一个运行资本主义制度的国际大都市的经验。因此，要管治好香港，就必须依靠当地社会和精英阶层，才能够顺利地从港英殖民地政府手中接过政权，同时又不造成过大的社会经济动荡。第二，是当时中央政府对香港社会抱有高度信任。中国领导人相信，经过漫长的殖民统治时期，香港人整体上是爱祖国、爱香港的，是拥护香港回归的，所以实行完全的"港人治港"不但无损于国家安全和政权安全，反而有利于争取香港的民心民意。当香港歌手张明敏在 1984 年中央电视台春节联欢晚会上深情演唱《我的中国心》时，谁又会想到三十年后香港社会的国家认同问题竟然成为中央政府和香港之间建立互信的最大障碍呢？第三，是为了香港顺利回归祖国的需要。中国共产党第二代领导集体重要的历史任

---

① 《邓小平思想年谱（1975—1997）》，中央文献出版社 1998 年版，第 353 页。

务之一就是要收回港澳;为了达到这个主要目标,保证平稳过渡,中央政府在未来特区管治的所有方面都开了绿灯,有意采取极为宽松的政治态度,这其中就包括"港人治港"。

在中英谈判过程中,"港人治港"仍然只是一条写在纸上的原则;但1997 年之后这方针一旦被投入政治实践,则可发现:要使这一方针得到最有效的实施,尚需处理极为复杂的政治困难和挑战。这些困难和挑战主要体现在四个方面。第一,在"港人治港"的原则下,如何最好地发挥工商界在香港管治中的作用?北京又应如何与时俱进调整其与香港工商界的关系?这是两个亟待解决的大问题。"港人治港"方针从一开始就是建立在北京对老一代香港工商界代表人士的信任和倚重上的,因此在一定程度上被媒体等同为"富商治港"。这一方面是由于老一辈香港工商业界代表人物在长期以来与中国共产党及其领导人的交往增进了彼此的信任和了解,另一方面也是源于中共领导人对于香港殖民体制和资本主义制度的不完备的认识。在八十年代的中共领导人看来,既然香港奉行资本主义,那么只要做好资产阶级的工作就可以令整个香港社会的管治平稳顺畅。在整个回归过程中,北京同香港的大商人建立起密切的工作关系和合作关系,回归前中共在香港进行的社会层面工作也集中在对工商界的统战上。

但随着香港管治问题在回归后的不断涌现,简单依靠工商界治港这一思路显然存在极大的后患。首先,商界治港无可避免会引起社会对于"官商勾结"的疑虑,在政治学上讲也存在政府被商界"俘获"(capture)的隐忧。这些隐忧有些已经被揭发出来的贪腐个案证明为现实。利益冲突是一个商界治港无法回避的问题。其次，过于依赖商界进行管治，令中央和特区政府的执政基础极为狭窄，并有可能丧失社会上其他界别——包括中产阶级和劳工阶层——的支持。再次，商界具有逐利性。当商界小众的利益同社会大众的利益发生冲突时，政府又该如何取舍？同时，随着时代的发展，香港商界中人本身的政治忠诚也值得推敲——基于商人天然的分散风险的意识，客观上讲，香港商界不少人是采取两面下注的办法，在政治效忠问题上显示出极强的机会主义。这并不有利于香港特区建立起巩固和优化的管治秩序。在"港人治港"的原则下，如何调整工商界在香港政治中的独特作用？如何做到"百花齐放"而不是"一枝独秀"？如何保证在政制改革的过程中保证商界利益和资本主义制度，但又兼顾社会其他阶层的长远和共同利益？这些都是回归以来亟待回答而又难以在一时之间予以回答的重要问题。今天，在香港特区的管治问题上，如何既保证商界的均衡参与又保证施政公平，这是北京和香港都需要面临的重大挑战。

第二，香港回归后落实"港人治港"方针的另一隐忧则是：本地社会的熟人网络有可能为特区政治带来利益输送和贪污腐败的可能，"港人治港"为香港政府的廉政工作提出了前所未有的考验。在港英统治的后期，殖民地政府特别重视廉政工作，防止政府和商界之间的利益输送。但殖民地政府保持较高廉洁程度的前提是它与本地社会的相对隔绝。殖民地政府的高级官员来自万里之外的英国，任期有限，他们的社交、利益、升迁网络均不可能同本地社会发展出过多瓜葛，因此可以在很大程度上（不是绝对）避过传统熟人社会所可能带来的贪污腐化、以权谋私、徇私枉法甚至利益输送等问题。但落实"港人治港"的方针，首先就要求将香港的自治权力从上到下悉数交给香港本地人数很少、彼此联系很密切的精英熟人圈。这就使得政治精英、经济精英和知识精英同时处于一个狭小的熟人社会里，使得不同权力之间互相勾连、"益自己人"的可能性大增，而有效的外来制约付之阙如。这对于香港的管治来讲是十分危险的。

第三，由于"港人治港"原是针对商界精英而言，所以北京本来没有认真考虑过"港人治港"的管治能力问题。但是，不可否认的事实是，香港开埠一个多世纪以来，本地的华人社会在绝大多数时间里都没有参加到香港的核心政治和政策工作中去。即使是港英公务员系统（特别是政务职系，即俗称的"AO"）里的华人，也仅是执行力很强，而在更宏观层面的决策能力则缺少锻炼。但更严重的问题是，香港本地华人精英多年以来并没有适当的、能够处理较为宏观的政治问题的机会和舞台，因此在他们之中，既了解国家政治生活，又具有智慧和能力参与国家政治过程的人才很少，这实际上是香港和中央政府的互动一直处于失灵状态的重要原因之一。而邓小平早年提出的加强对香港本地华人管治人才的教育和培养工作，也因为彭定康时期港英政府的坚决抵制，以及其他主观和客观上的原因而被长期延宕。对本地治港人才在政治能力上的匮乏，香港的有识之士有很清醒的认知。香港大学学者、放射同位素研究所原所长曹王敏贤曾在2003 年对此发表过极中肯的评论：

> 以前的香港政府，他们主要是行政，决策都是伦敦来的。但是

九七之后突然要自己决策了，出现了真空……香港在目前这个时期，有很多大的方向、大的方针，香港真是没有办法掌握。虽然表面看很热闹，但是香港实在是幼儿园水平的政治。我们现在能够希望的只是不要留班，希望升班。可能的话得以跳班。但是，我们现在不可以说自己已经到了研究生的水平。①

治港人才无论在决策、管治，还是与北京及香港各界进行政治沟通的能力上所存在的缺陷都成为中央政府的重要关注点。2011 年 7 月，国务院港澳办主任王光亚在同香港中学生座谈时就特别表达了这一忧虑。据《星岛日报》报道：

王光亚于北京和参与一外交夏令营的学生对话，当回答关于本港深层次矛盾的问题时，指香港"成也英国，败也英国"，在港英政府培训下，公务员团队水平虽高，但只懂得接受和执行命令，"未能培养对香港未来发展，加以政治上设计和长远规划的人才"。他更认为，公务员到了回归后十多年，仍不知道如何当家作主，直言"他们过去是听 Boss，现在自己当了 Boss，都不知道怎样当 Boss，怎样当个 Master"。②

① 郭伟峰主编：《香港前途的冷静思考》，中国评论文化有限公司 2003 年版，第 10、12 页。
② http://news.singtao.ca/calgary/2011-07-28/hongkong1311843960d3329056.html.

王光亚的批评是有的放矢的，直率地表达了北京对香港治港人才队伍的关切和期望，实际上也指出了回归以来香港管治中的一大隐忧。

第四，"港人治港"的另一个隐忧是本地政治人才在国家认同度和政治忠诚度方面存在的问题。在港英的长期统治下，殖民地政府在香港精英阶层中——尤其是公务员系统中——进行了长期有效的政治忠诚度的灌输和训练。在香港回归之后实行的"港人治港"必须是以爱国者为主体的"港人治港"。因此，处于各行各业的治港人才是否能够抛弃旧有的对于殖民地体制的政治认同，而建立起对于新的主权者和新的政治秩序的认同，需要一个过程，其结果也需要经过现实政治生活的考验。2003 年以来，随着中央政府对香港公务员队伍的国情教育工作的高度重视，治港队伍在国家认同方面的情况在改善之中。特别是在 2014 年的"占领运动"期间，特区政府的各纪律部队都能够坚守岗位、听从指挥、严格执法，赢得了中央政府的赞誉。相反，某些北京曾给予高度信任的重要商界人士——有的甚至担任了全国政协不同层级的显要职务——却在香港政治生活的关键时刻不听招呼、与中央政府背道而驰，政治上"掉了链子"，这不能不引起北京的警惕。在"港人治港"的总体安排下，香港政治和管治人才的国家认同和政治忠诚问题，还需要较长的时间才能逐步得到解决。

值得指出，作为落实"一国两制"方针的组织形式，"港人治港"从一开始就具有自身的界线——它既不是香港独立，也不意味着北京对于除国防、外交之外的治港权力的放弃。"港人治港"的健康开展需要满足三个原则：第一，"港人治港"的内容是中央政府在"一国两制"的安排下授权特区自行管理的事项，除中央授权之外并无其他权力内容。这一授权可以由中央政府随着时间和情势的变化而进行调整。"港人治港"不是联邦制或者邦联制之下的地方自治领，中央与"港人治港"之间是授权关系，不是分权关系。第二，"港人治港"原则与中央政府依法行使的决定权、监督权和指令权相辅相成，不可偏废。譬如，对于特区行政长官及主要官员的任免、政治制度的修改、紧急状态的宣布等，都具有实质的决定权。对于特区行政长官的日常行政、特区立法会通过的法律、特区的对外交往事务等，中央政府依法具有监督权。同时，根据基本法第四十八条第八款的规定，中央政府对特区行政长官具有"指令权"。这些中央权力都是和"港人治港"同时适用的。第三，"港人治港"不能损害中国的国家主权、安全和发展利益。港人对香港特区的管理要符合国家的总体、长远利益，亦应保证国家以政权安全为核心的综合安全，更不应损害国家的发展利益。

谁来当特首？

特首是"一国两制"下管治香港的灵魂人物。基本法第四十三条明确规定，"香港特别行政区行政长官是香港特别行政区的首长，代表香港特别行政区"。行政长官的重要性体现在四个方面：第一，行政长官是双重负责的，既对中央人民政府负责，又对香港特别行政区负责。如前所述，行政长官有职责执行中央人民政府就基本法规定的有关事务所发出的指令。第二，行政长官统领行政机构，领导廉政公署，拥有立法过程的主导权，担任香港各高等院校校监，对外代表特区，并有权任命司法机构成员，就权力而言是名副其实的特区首长。第三，行政长官有权主导香港政治体制的改革和基本法的修改，是香港政体的守护者。第四，行政长官在日常管治中处于总揽庶务、协调各方的关键位置，在香港的战略性议题上具有举足轻重的地位；不但是香港利益的捍卫者，也是国家在港的主权、安全和发展利益的守护者。谁担任特首，对于"一国两制"在香港的落实成效具有关键性的影响。

从 1997 年到 2047 年，香港特别行政区大约要产生十任特首。回归以来，来自三个不同社会群体的特首已经统领过特区政府。第一位特首董建华来自工商业界，第二位特首曾荫权来自公务员体系，而第三位特首梁振英则来自专业人士阶层。这三位特首出身各异，专长不一，也各自在香港特区的政治史上留下属于自己的印记。虽然截至 2015 年，所有行政长官均由规模不一的推选／选举委员会拣选，但基本法第四十五条明确规定："行政长官的产生办法根据香港特别行政区的实际情况和循序渐进的原则而规定，最终达至由一个有广泛代表性的提名委员会按民主程序提名后普选产生的目标。"因此，在未来，可以预见香港特首的产生办法将不断变得更加民主。随着回归日久，中央与香港关系愈益复杂，加之普选改革的压力，究竟怎样的政治人物可以胜任将来香港特首的繁重职责？未来的香港特首应该是怎么样的？

就法律层面而言，基本法第四十四条规定："香港特别行政区行政长官由年满四十周岁，在香港通常居住连续满二十年并在外国无居留权的香港特别行政区永久性居民中的中国公民担任。"这是任何人参选香港特首的最低宪制标准。但要成为一个最有利于香港整体利益、最有利于"一国两制"在香港的良好运行，并能够在大规模选举中胜出的特首，似乎应该具备更多的条件。一般说来，2047 年以前的香港特首，以下四个方面的条件恐怕是必备的。

第一，未来的特首应该在国家认同问题上取得北京的高度信任。在"一国两制"的制度安排下，香港特区政府是中华人民共和国国务院直辖的地方政府。作为香港特区的首长和代表，未来的特首首先应该是一个"爱国者"。他／她应该在政治上坚定认同中华人民共和国，拥护香港回归中国，能够确保中国国家主权、安全和发展利益在香港不受损害，并能够获得中央政府的高度信任和祝福。未来的特首必须具备和北京进行有效沟通的能力和多种渠道，要能够成为京港之间的联络员、协调人、谈判专家和缓冲地带。一方面，特首应该维护国家的根本利益；另一方面，特首也要能够获得北京的合作来切实维护香港社会和香港居民的共同利益。因此，能否和北京建立互信关系、能否与中央政府在香港管治上保持合作而不是对抗、能否维护国家利益和香港地方利益不受损害，应该成为衡量未来特首的基本政治标准。

第二，未来的特首应当在香港社会各阶层都拥有较高的支持度和认受性。作为香港特区的首长，未来的特首应当能够经受民主选举的检验，要能够在香港社会各阶层和各个群体都拥有较高的支持度和认受性。未来的特首不可以仅仅代表某一个群体或某一个界别的狭隘利益，相反，他／她应该代表利益光谱上更为广泛的群体。特首产生方式的不断民主化也要求未来的特首具有较好的公众形象，能够深入市民中间，有亲和力，而不是以高高在上的精英阶层代言人的面目出现。未来的特首还应该了解和关心基层社会的心声和疾苦，在福利和发展之间取得平衡，在施政上要照顾低收入和弱势群体，同时鼓励中产阶级的发展，以及创造良好的营商环境，保持香港的可持续发展。

第三，未来的特首应该受过较高程度的教育，并已经在公职生涯中展示出较好的领导和组织能力。有鉴于香港作为东西方桥梁的独特地位，未来的特首需要拥有复合式的教育背景，最好对香港、内地和欧美的政治理念、文化习惯和经济脉动都有深入的了解，特别是要对中国主体政治体系的政治原则、文化习惯和政治过程有过详细的学习和认知。随着现代社会专业化和复杂度的不断提高，特首需要具有较高程度的知识储备和政策判断能力。管理如特区政府一般庞杂的政府系统也要求未来的特首具有较高的领导和组织能力。能够胜出的特首候选人应该已经在公职生涯中展示领导才能。成功管理大型公共部门、机构、组织或企业的经验对于担任香港特首至关重要。

第四，未来的特首应该熟悉香港特区政府和中央人民政府的运作，并能够与香港各主要政治力量建立和保持适切的工作关系。作为香港特区政府的统帅和中央与香港之间的沟通桥梁，未来的香港特首应该熟悉特区政府和中央政府的运作规则和过程，了解各自的管治哲学，能够起到促进相互理解、沟通双方想法的作用。未来的香港特首亦需要在香港本地做好团结工作，有意愿、有能力同本地各主要政治力量开展合作，能够善用不同阵线的人才，听取多方面的声音，成为香港社会团结的枢纽。

根据基本法的规定，香港特首的产生方式将逐步向普选的方向发展。在这一过程中，中央政府对于特首的政治忠诚和国家认同问题高度关注。2015年5月31日，国务院港澳办主任王光亚在深圳会见香港立法会议员时，专门就未来普选制度下产生的香港特首划出一道政治"底线"。他说：

> "泛民"（注：指香港"泛民主派"，见本章下一节）有两类：一类是极少数别有用心的人。他们打着"民主"的幌子，把香港视为独立政治实体，肆意曲解基本法，阻挠特区政府施政，顽固对抗中央管治，甚至勾结外部势力，鼓吹和支持"港独"等分裂势力，妄图颠覆中国宪法确立的中国共产党的执政地位和社会主义制度。他们的言行实际上早已超出所谓"言论自由"、"争取民主"的界限。他们虽然人数不多，但危害不小。他们不仅是"反对派"，而且是"死硬派"、"顽固派"。对这部分人，中央的立场坚定而明确，就是坚决斗争，决不含糊。具体到行政长官普选制度设计，就是要把这些人排除在外，不仅要限制他们"入闸"、阻止他们"出闸"，即便他们侥幸当选，中央也会坚决不予任命。①

---

① http://www.locpg.hk/jsdt/2015-05/31/c_127861553.htm.

这段讲话所反映的观点，应该是中央政府最高层对未来特首必须符合的政治标准的共识，值得香港社会高度重视。中央政府画出的这道"红线"势必对 2047 年之前（以至于之后）香港特区行政长官的产生具有极为深远的影响。

正正反反：建制与泛民

香港政治中代表社会不同声音的各种政治力量往往被简单划分为建制派和泛民主派（简称"泛民"）两大阵营。建制和泛民都是"港人治港"的重要力量，而他们之间划分的标准通常是凭借各自对于中央政府的态度。因此，建制派往往被认为是"亲北京派"，而泛民主派则往往成为中央政府和建制派眼中的"反对派"。在香港政坛上，建制派主要包括民建联、自由党、新民党、经民联、工联会、劳联等，而泛民主派主要包括民主党、民协、工党、街工、公民党、新民主同盟、社会民主连线、公共专业联盟、人民力量。[①] 截至 2015 年，香港建制派在特区立法会及 18 个区议会中均占有多数席位。

回归十八年来，香港建制派与泛民之间的对抗已经成为本地政治的常态。特别是泛民中比较激进的势力，往往通过出位的公众表演——包括向行政长官投掷杂物——来吸引媒体和选民的眼球。近年来，以"拉布"

① 需要指出的是，香港特别行政区迄今尚无规管政党注册的专门法例。因此香港的"政党"均是根据《公司条例》或《社团条例》登记，它们在法律上的地位都是"公司"或"社团"。

（filibuster，即"冗长辩论"）和提出繁琐修正案的形式阻碍政府议案的审议和通过，成为身为立法会少数的泛民主派议员的主要武器。在 2014 年"占领运动"失败之后，泛民议员更扬言发起在立法会的全面不合作运动，建制与泛民之间的对抗有向白热化方向发展的可能。

建制与泛民之间的二元对立和对抗成为香港政治的结构性因素，亦成为香港政治困局的主要源头，值得认真观察。总体而言，香港政治这种以反政权的基础性政治对抗为基调的二元对立结构是极为荒谬的，既不利于中央对香港的管控，也不利于特区政府施政。主要原因在如下三个方面。第一，所谓"建制派"与"泛民主派"之间的划分标准本身就是不合理的。在现代政治体系里，出现相对保守阵营和相对自由阵营的对立本来是选举政治的常态，但这样的阵营区分，通常是"议题主导型"，即：双方阵营的差别主要体现在针对各种具体政策议题的不同政纲。比如究竟是大政府还是小政府、增税还是减税、福利优先还是效率优先、支持堕胎还是反对堕胎，等等。议题主导型的政党分野格局有利于选民在复杂的现代政治生活中作出较为便捷的判断和选择。但现代政治体系的政治阵营区分——除非是在革命或者政变等特殊情形下——鲜见以对政权和政治体制的根本态度来划分界线。特别是在现代议会制度下，更少见主要反对党是以推翻现行体制、拒绝承认政权为政纲的。但不幸的是，香港对于建制和泛民的区分，基本是根据不同政党对于国家主体政治秩序的态度，以及对于国家根本政治制度的态度——即所谓"爱国爱港"问题——来划分，而非基于对香港本地事务的不同政纲来区别。其结果是，泛民永远作为中国政权和基本政治秩序的挑战者姿态出现，从根本上被纳入"政权反对派"的范畴内，而非日常施政和管治的在野党和参与者。由于泛民对自身定位的严重失误，不但使其始终被排除在特区管治工作之外，成为"搞事"的代名词和"永恒反对派"（permanent opposition），而且还阻滞了对特区有着更重要意义的本地政策辩论的深入开展。如果这种以对抗政权为心理基础的反对派阵营的构成和定位没有改变，香港政局是没有可能走出困境的。

第二，香港建制派与泛民派的组成成分极为驳杂，无论在政治观点还是意识形态上即便在各自阵营内部都很难形成共识。因此每到政治争议的关键时刻，无论是建制还是泛民，其内部往往都出现多重取态，整合各自内部的资源、形成一致意见都已需要耗费大量精力。比如在建制派内部，既有传统左派势力、工会势力，又有意识形态色彩较淡的民建联、经民联等①，更有代表工商界利益、政策取态极为保守的自由党②，还有试图寻找中间平衡路线的新民党。如此复杂的内部组成几乎使"建制派"根本无法被称为一"派"，因为它们之间唯一共通的基础就是不反对国家主权、不反对国家的基本制度、愿意同北京沟通——但这实际上应该是所有

---

① 意识形态是指总体性和基础性的观念集合，如民主主义、社会主义、自由主义、共产主义、无政府主义等等，单纯的政治取态（如亲政府或反政府）以及政策主张并不构成政治学意义上的意识形态。

② 2015 年 7 月，自由党荣誉主席田北俊在接受访问时亦指出，"自由党的英文名叫'Liberal Party'，这是误导，其实我们在政治上是'conservative'，所有劳资、税务、福利政策，我们都是保守党的立场。自由党的'自由'，纯粹是从经济角度要求自由经济，即是要求政府对市场积极不干预。"参见王雅隽：《什么人访问什么人 / 政治冷感系列：田北俊的自由》，《明报》副刊 2015 年 7 月 5 日。

对香港负责的、愿意着眼于本地事务的香港政治力量本来就应做到的最低要求。泛民主派内部也同样是色彩斑斓。从最激进的人民力量到传统上秉承"民主回归"原则、奉行温和路线的民主党，乃至新的代表左翼劳工运动的工党，这些不同政治派别之间的观点和政纲千差万别，但其共通一点就是始终以中国政权和主体政治秩序挑战者的面目出现在公众视线中，北京指责他们"逢中必反"虽然尖锐但亦是实情。在 2015年的特首普选本地立法过程中，泛民议员以捆绑投票的方式否决普选方案，更反映出其阵营内部不同派别的成员可能越来越受最激进力量的牵制与裹挟。试问在这样奇特的政党图景下，香港的地方政治如何能不陷入困局呢？

第三，香港建制派和泛民主派之间的政治辩论长期失焦，本应是香港社会讨论重心的本地政策议题却沦为双方政治和意识形态斗争的工具。因此，香港的政治话语中，最能引起激烈争论和有效辩论的往往不是那些重要的"在地"议题（local issues），反而是那些香港社会根本无力可及的、空洞的国家层面的政治和意识形态问题。即使本地政策议题也常常出于政治斗争的需要而被无限上纲和泛政治化，得不到专业的深入讨论。最终形成的结果是——除非特区政府主动进行私下政治交易——基本上全部立法会议员都按阵营站队，关乎民生的本地政策问题被作为打击国家政权和现行政治体制的武器和工具。在这样"离地"的、对抗式的政治恶斗中，香港的政党和政团的发展也逐步脱离社会的实际呼声和需求，与现实脱节。当香港社会不断要求其政治人物将目光投向具体政策议题上时，香港的政治人物却仍热衷于挑起和参与那些他们自己也不甚了了的国家层面的政治争斗，其结果如何可想而知。在此背景下，主要关注香港社会利益的"本土派"应运而生也成为历史必然。显然，本地政治讨论长期被错误地聚焦于非本地事务和非本地议题上，并被高度政治化和意识形态化，这与香港社会的利益是背道而驰的。

在香港以根本性、反政权的政治对抗为基础的二元对立政治格局下，香港的政党力量严重"离地"、失衡，不但各阵营自身面临重新分化组合，而且在整体社会层面也造成了立法困境、施政困难和政治困局。要走出这样的困局，香港当前的政党图景须进行大的改变。首先在于香港的泛民主派需要抛弃既有的政治对抗思维，承认现行的国家政治秩序，并在这一前提下发展自身的政策主张、监督特区政府施政、维护好香港本地的利益，并争取通过赢得选举来参加特区的管治工作。毕竟作为香港的政治力量，香港泛民的活动重心应该是改善本地的管治、促进本地的民生、保持香港的独特性和核心价值观、监督"一国两制"在本地的落实，而非推翻中央政府或者改变中国的主体政治制度，当然更不要有意无意成为西方国家同中国进行颠覆和反颠覆的政治较量中的棋子。

其次，香港本地政治生活的主题要从以"亲北京"或"反北京"为标杆的政治分野转向以本地政策议题讨论为导向的新的政治辩论。香港政治生活的主题应该是香港，一切本地的政策辩论都需要"在地化"，政治的目的是改善民生、促进提高管治素质，而不是革命。因此，政治分野的两方都需要使本地的政策辩论非政治化、非意识形态化。香港地方政治力量的区分不应该是以维护或者推翻中央政权为界线，相反它们的区别应该在于对于本地事务的不同政策主张。把注意力和精力放在自己力不能逮的国家级政治的领域，不但可笑，而且也构成对香港市民利益的忽视和放任。

最后，若香港政治在未来要走出困局，香港的泛民主派就必须作出一个艰难的抉择：究竟是要成为治理型的反对党还是革命型的反对党？治理型的反对党，就是要承认中央政府管治权威，在既定的政治秩序内参加本地政策的辩论，并开展选举活动，其目的应该是改善本地治理、监督特区政府运作、守护香港的利益、督促"一国两制"的落实，并通过选举争取参与特区管治工作。如果香港泛民能完成这样的转型，香港政局走向良性互动格局、以对话代替当前的对抗就有了基本保证。而革命型的反对党则是以挑战和反对现有政治秩序、以推翻政权为己任、以阻挠甚至破坏中央和特区政府的管治权威为目的。如果泛民中的大部分力量决定保持这样的对抗者地位，那么香港本地的政治将只会在僵局中越陷越深，而中央和特区政府也必定采取更为严格的、有针对性的管控措施来确保这些反对派的活动不损害国家主权和政权安全。那样的话，中央、特区和香港社会面临的将是得不偿失的"三输"之局。

"公务员党"？

"港人治港"和特区政府施政的另一个基本力量是香港特区的公务员

队伍。正如香港大学教授卜约翰（John P. Burns）曾指出的那样：

> 政府管治能力主要取决于政府定位社会问题、因应该问题而设计
> 政策并为政策赢取政治支持，以及连同所有相关行为主题高效地推行
> 政策的能力。在这个过程中，行政精英（administrative elites）扮演
> 非常重要的角色。①

他还认为，香港由于特殊政治结构的影响，其行政精英在政治和政策过程
中的影响力较其他地区更为显著。② 在"港人治港"的总体安排下，香港
公务员群体一直是治港人才的重要组成部分。截至 2015 年第一季度结束，
香港特区政府共有 172647 个公务员职位编制，实际雇用公务员 165252
人。③ 香港特区基本法第四章第六节的六个条款对回归后香港特区的公务
员体系作出了总体上的规定。

基本法对香港公务员体系的宪制性规定主要有三个要素。第一是规定
了香港公务员的任职资格。基本法第九十九条规定，在香港特别行政区政
府各部门任职的公务人员必须是香港特别行政区永久性居民。第一百零一
条规定，除列明的高级公务员岗位外，可以任用殖民地时期香港公务员中

---

① John P. Burns（2004），*Government Capacity and the Hong Kong Civil Service*, Oxford, UK and New York: Oxford University Press, p.105.

② 同上。

③ http://www.csb.gov.hk/tc_chi/stat/quarterly/540.html.

的或持有香港永久性居民身份证的英籍和其他外籍人士担任政府部门的各级公务人员。外籍人士亦可受聘担任特区政府顾问或者专门和技术类职务。第二是规定了公务员管理机制和公务员待遇的延续性。基本法第一百条规定，香港特别行政区成立前在香港政府各部门，包括警察部门任职的公务人员均可留用，其年资予以保留，薪金、津贴、福利待遇和服务条件不低于原来的标准。第一百零二条规定已经退休或离职的原港英政府公务员的各类待遇亦不低于原来的标准。第一百零三条规定对公务员的各项管理制度保持不变。第三是规定了公务员体系的政治负责性。基本法第九十九条规定，公务人员必须尽忠职守，对香港特别行政区政府负责。

回归以来，香港的公务员体系在最初的磨合期之后，已经越来越熟悉新的政治秩序和权力结构，配合特区行政长官施政的意愿和能力也在不断改善，将来应该成为特区管治中可以信赖的重要力量。在政治忠诚度方面，特区政府通过加强对公务员体系的国情教育，加深了特区公务员——特别是高级公务员——对于国家总体政治秩序的了解和对中国国情、政情的理解，在国家认同方面与港英时期相比发生了较大改观。实际上，香港公务员事务局从 1999 年就开始陆续展开针对香港公务员的国情研习和教育活动。2011 年，时任中央政治局常委、中央港澳工作协调小组组长的习近平，在国家行政学院座谈时特别强调：

要继续搞好港澳公务员和各类人员培训、加强中国基本国情教育、基本政治制度教育和两个基本法教育，培养和增强他们爱国、爱港、爱澳的感情，更好地为贯彻"一国两制"方针服务。①

在 2014 年的"占领运动"中，香港特区政府的公务员队伍保持了总体上的政治稳定，尤其是特区纪律部队恪尽职守，在十分困难的条件下完成了艰巨的任务。就全世界范围内比较，香港特区政府公务员队伍也称得上是一支高素质、专业化、超一流的管治队伍，可以也应该成为中央和特区政府可以信赖的治港力量。

在未来的香港政治中，特区公务员队伍将发挥重要作用。但如下几个方面仍值得重视。第一，在国情教育和国家认同教育上，除加强对高级公务员的教育和交流外，亦需要进一步向中、低级公务员扩展，不断提高整体公务员系统的政治质素。香港的公务员队伍要能做到有认同、懂国情、善交流、高效率、士气好，团结一致，成为政治上可以信赖的队伍。2015年 6 月 12 日，署名为"一群香港公务员"的团体在本地报章就 2017 年特首普选方案表决刊登公开信。公开信指出，如果香港社会"接受了是次政改方案，只会令原形毕露的统治者利用假普选机制窃取的伪民意授权。纵观香港人争取普选的荆棘旅途，中央政府一直扮演的角色，就是采取一切方法，阻挠、拖延香港民主化的进程"②。这反映——至少就当前而言——香港公务员队伍中的一部分在对中央政府的看法上仍存在较大的不同声音

① http://news.sina.com.hk/news/20110107/-1279-1975555/1.html.
② 《一群香港公务员就政改方案表决的公开信》，《明报》2016 年 6 月 12 日，A19 版。

和见解，公务员群体内部所存在的政治分歧还是相当显著的。第二，香港公务员秉持的"政治中立"的原则是殖民统治末期港英政府开始灌输的一套行政哲学。但是，"政治中立"应该限于香港的自治事务和地方政策范围内，对于涉及国家主权、国家安全和根本政治秩序的政治事务则应坚持原则、立场鲜明，不能含糊，这也是时代对香港公务员的要求。第三，香港公务员体系要进一步理顺对政治委任官员的负责关系，特别是对特首的负责关系。

香港公务员体系亦存在一些隐忧，总结起来有三点。第一，香港公务员体系的内部封闭性及其对特区政策决策和执行的巨大影响力，使得北京有所疑虑，未来是否可能出现一个在局部事务上足以架空特首权力的"公务员党"。香港公务员团体内部同质性高、同气连枝，政治上自我延续的能力强，控制香港政策执行层面的命脉。在特区未来的政治发展中，如何打破封闭的公务员体系，特别是如何改革港英时期所谓培养"通才"的政务官体系的问题或会及早提上议事日程。在特区政府实行主要官员政治负责制的条件下，公务员仅负责执行政治委任官员的决策，未来是否仍需要培养数目众多的所谓"通才型"、更适宜政治决策的政务官，应该是北京和特区政府考虑的方向之一。

第二，港英治理的末期，在英国政府向华人代理人"让权"的总体部署下，华人公务员逐渐跃升为殖民体制的重要组成部分，殖民地政府亦对他们进行了比较彻底的亲英教育和考核。虽然香港回归十八年来，港府的原有高级公务员已经经过了北京的长期观察和特区政治实践的考验和淘汰，但港英时期的残余影响仍然存在；同时，在北京看来，港英政府在公务员队伍中布下的"暗桩"尚未得到彻底清理。特别是在港英"居英权计划"影响下的受益人，如果在没有放弃此等权利的情况下，更是极难获得充分政治信任。这一问题似乎只能随着时间的推移、通过加速代际更替而逐步得到解决。

第三，香港的公务员队伍也存在拓宽来源、实现人才背景多元化的问题。香港的公务员队伍历史上注重从部分本地精英大学的毕业生中招收。但随着时代变化，公务员的来源渠道也应该实现多元化，特别是要重视发挥在北京和上海国立高等学府学习和交换过的优秀香港学生的作用。因为他们对两地的了解和体认都比较全面及深入，应该能够在未来香港管治中起到良好的沟通桥梁作用，对港府公务员系统而言是不可多得的财富。另外，香港的公务员队伍当前基本由本地华人组成，因此要特别注意公务员与本地财团的相互关系问题，防止利益依附关系产生。同时，如何在本地熟人关系网和狭小的精英圈中保持公务员队伍——特别是高级公务员的廉洁自律、不偏不倚，将是未来特区管治中所必然面临的重要挑战，宜未雨绸缪、早作打算。

法律之上

法治（rule of law）是香港管治中的核心制度，也是香港社会多年来秉持的核心价值观。在"一国两制"的总体框架下，保持和延续香港社会

119

高度的法治传统是香港回归之后管治工作的一项重要内容。正如香港特区政府在一份资料里曾写到的那样，"如果说有一种可以定义香港人的意识形态，那一定就是法治"①。法治对于改善香港的管治素质、保证香港的国际金融中心地位和维护基本法赋予香港市民的自由和权利具有极端重要的意义。在任何情况下，维护和尊重香港的法治传统和制度都是中央和特区政府义不容辞的责任，也是保证国家在港的主权、安全和发展利益的最好方式。

因此，香港的司法界（或者更广义的法律界）也是"港人治港"的重要成员。基本法第四章第四节专门对香港特区的司法机构的人员、组成和独立审判权进行了详尽规定。为了最大程度地保护和延续香港的法治传统，基本法通过第八十一条和第八十二条设立香港特别行政区终审法院，并将终审权授予香港特区行使。基本法第八十五条更明确保障了特区司法机构所享有的独立审判权。为了保障香港的法治，基本法对于香港司法机构组成人员的资格限制作出了十分宽松的规定，仅要求"香港特别行政区终审法院和高等法院的首席法官，应由在外国无居留权的香港特别行政区永久性居民中的中国公民担任"（第九十条第一款）。而对于"司法机构的其他法官和其他司法人员"，则通过第九十二条规定"根据其本人的司法和专业才能选用，并可从其他普通法适用地区聘用"。同时，为了防止行政和立法权力对于司法机构独立审判权的过度干预，基本法对法官和司

①　http://www.info.gov.hk/info/sar5/elaw_1.htm.

法人员的任免规定了极为严格的推荐和审议程序。

香港特区政府律政司是维护法治的核心力量。律政司专门负责香港特别行政区政府的法律事务,包括提出所有刑事检控、草拟香港政府提出的所有法律草案,以及为香港特区政府提供法律意见。香港特区政府的所有执法部门和纪律部队是执行法纪、维护法治的基础力量。从更广义的角度看,香港以律师和大律师为主体的法律界也是维护和传承法治传统的重要队伍。根据香港特区政府的统计,截至 2014 年 9 月,香港共有 1294 位执业大律师,8123 位执业律师,825 家本地律师行和 79 家外资律师行。①这些法律界从业人员为香港各界提供各式各样的日常法律服务。它们的专业组织——香港大律师公会和香港律师会——也在涉及社会总体利益的重大法治问题上时常代表法律界发表意见,在公共政治讨论中扮演重要角色。

香港回归以来,北京对于香港司法机构的日常审判事务采取了不干预的态度,有效保证了香港司法机构的独立性和审判权威。但是,由于香港终审法院在回归后进行的关涉香港基本法的有关审判活动,北京仍不得不在极为特殊的情况下与香港司法机构发生数次正面接触。但即便在这样的情况下,北京仍然注意一方面厘清基本法有关条款的解释,另一方面也在法律允许的范围内最大程度上保护终审法院判决的权威性。目前看来,香港司法机构与中央权力的冲突主要发生在有关全国人大对基本法的解释问

---

① http://www.gov.hk/en/about/abouthk/factsheets/docs/legal_system.pdf.

题上。

需要指出的是，香港特别行政区基本法是一份"独特的文件"，它适用于一个普通法的司法区域但却"不是由普通法传统中的律师起草"①；基本法是中华人民共和国法律体系的组成部分，是秉承中国法律的精神和原则而拟就的，是全国性法律但亦是香港特别行政区的宪制性文件。从一开始，基本法就不纯然是普通法系的组成部分。这与"一国两制"安排下香港司法机构所保留的普通法传统存在一定矛盾。同时，对于基本法的起草工作，邓小平生前亦认为应该注重"原则性"，具体内容则"宜粗不宜细"，以免给未来特区政府施政造成被动。据全国港澳研究会副会长齐鹏飞披露，邓小平曾明确指出：

> 基本法是搞得简要些，还是搞得详细些，既然是法律，搞得那么烦琐干什么？……现在香港人老要求基本法订得细一些，越细越好。搞得越细，将来就非变不行。他们不是怕变吗？搞得那么细，规定得那么死，情况发生变化后，哪能不变？……有许多香港人主张基本法要搞得非常细。太细了不好，越详细越管不住。②

基本法第八条规定，"香港原有法律，即普通法、衡平法、条例、附属立法和习惯法，除同本法相抵触或经香港特别行政区的立法机关作出修

---

① 陈弘毅：《一国两制下香港的法治探索》，中华书局（香港）2010 年版，第 38 页。

② http://paper.wenweipo.com/2014/08/22/HS1408220023.htm.

改者外，予以保留"。这一条款在适用于香港司法机构的日常审判业务时或许问题不多，但如果适用到对基本法这份特殊文件本身的适用和解释上的时候，就凸显出香港特区法治框架所蕴含的内在张力。在这个问题上，完全不宜抱有谁比谁高明、谁比谁优越、谁凌驾于谁之上的观念；相反，北京和香港司法界都应该运用智慧，小心处理两种法系之间的矛盾和冲突，"就事论事"、"就法论法"，唯有如此才能从根本上保证香港在法治下的长治久安。

基本法的解释权问题最能凸显两种法律体系之间的冲突，因而也自然而然最具政治上的争议性。全国人大常委会香港基本法委员会委员、法学家陈弘毅曾对此有过论述。他说：

在香港的普通法制度中，唯有法院在判案时才能对法律作出权威性解释，法院的法官有高深的法律造诣，他们在行使其解释权时必先聆听诉讼当事人代表律师提出的论点，然后在判词中阐述其采纳解释背后的理据。法院遵从公正程序，最后以理服人，这样的法律解释不但具权威性，也享有道德上的正当性或认受性。因此，从普通法的角度看，由独立的法院行使法律解释权，是"法治"的必不可少的元素。①

---

① 陈弘毅：《"一国两制"下香港的法治探索》，中华书局（香港）2010 年版，第 205 页。

但中国宪法规定，全国人民代表大会是国家的最高权力机关，代表全体人民的意愿，掌握法律的创制权、修改权和解释权。任何其他国家机构的权威都不可凌驾于全国人民代表大会之上。

基本法兼顾两者的差异，通过第一百五十八条规定了三种重要的解释程序：第一，该条明确规定基本法的解释权属于全国人大常委会。全国人大常委会基于其宪制地位，对基本法拥有绝对、完全和最终的解释权，并不需要香港特区的任何机关或官员提出申请、动议或请求。第二，该条款也规定全国人大常委会授权香港特区法院在关于特区"自治范围内"的条款自行解释。在后来引起人大释法的"吴嘉玲案"终审法院判词中，法官们亦认为"'自行'二字强调了特区的高度自治及其法院的独立性"。第三，该条款还进一步规定，香港特区法院在审理案件时对基本法的其他条款"也可以进行解释"。"但如香港特别行政区法院在审理案件时需要对本法关于中央人民政府管理的事务或中央和香港特别行政区关系的条款进行解释，而该条款的解释又影响到案件的判决，在对该案件作出不可上诉的终局判决前，应由香港特别行政区终审法院请全国人民代表大会常务委员会对有关条款作出解释。"

基本法规定如此复杂的解释程序，根本目的是为了平衡中国主体的大陆法传统与香港特区实施的普通法传统之间的潜在冲突。"释法"本身恐怕并非如某些媒体所宣传的那样是毁灭香港法治的"杀器"，相反它是一把打开通向两个法系和谐共处、共同为"一国两制"服务之门的钥匙。陈弘毅教授明确指出：

　　人大释法是香港特别行政区法律秩序的一部分……并非中央权力任意行使其权力或破坏香港的法治或自治。香港法院在一般案件的诉讼过程中适用和解释基本法和其他香港法律的权力并没有受到干扰、剥夺或减损。①

　　但香港法治的复杂之处在于：两个截然不同的法律体系之间的差别恰好是存在于主权者与地方司法机构之间。因此一旦被投入司法实践，许多始料未及的问题都会产生，有的问题直接涉及国家在香港的主权和管治权威。类似问题是否能得到妥善处理，当然取决于京港双方彼此的了解、熟悉和信任程度，但关键还在于是否保持克制，及是否能采取有智慧的方法处理冲突。1997 年以来，全国人大常委会对香港基本法总共进行了四次解释，而中央权力同香港司法界之间的最初碰撞主要发生在第一次释法过程中。② 在"庄丰源案"（未释法）和"刚果（金）案"（第四次释法）中，北京和香港都有智慧地处理了双方潜在的冲突，维护了香港的法治秩序。

　　在任何地方、任何时代，司法机构要建立并巩固其对行政和立法机关的制衡权力，都是极为困难的政治过程，需要高度的司法智慧和高超的政

---

① 陈弘毅：《一国两制下香港的法治探索》，中华书局（香港）2010 年版，第 89 页。

② 第一次人大释法是 1999 年针对"吴嘉玲案"判决的释法，就香港永久性居民在香港以外所生中国籍子女等的居留权问题进行解释。第二次释法是 2004 年就行政长官产生办法和立法会产生办法修改的法律程序问题进行解释。第三次释法是 2005 年就补选产生的行政长官的任期问题进行解释。第四次释法是 2011 年针对"刚果（金）案"的审理，应香港终审法院的要求而就外交豁免权原则进行解释。

治技巧。如确立了美国联邦最高法院司法审查权的 1803 年马百利对麦迪逊（Marbury v. Madison）一案中，如果不是美国联邦最高法院以极高的政治智慧一方面确立了法院的合宪性审查权，另一方面避免强令美国国务卿改变其行政行为，美国的司法审查权可能还需要等待不知多少年才可以确立。

香港的司法机构在应对与北京关系的时候，其政治智慧也在不断地成熟当中。中央权力与香港司法机构在回归后的三次相逢——"吴嘉玲案"、"庄丰源案"和"刚果（金）案"——显示了北京与香港终审法院都在特区政治的实践中小心摸索，并逐渐探索到了能够弥合双方分歧，既维护中央主权又保护香港独立审判权的办法。1999 年终审法院关于"吴嘉玲案"的判决曾导致一场宪制上的轩然大波，引起京港双方的深切不安。终院秉持普通法传统，认为法院应当尽量维护基本法所载明的香港市民的"核心权利"，因而作出相关判决。香港特区政府基于防止大量人口涌入的行政考虑，表示强烈反对；中央政府亦对香港司法机构声称拥有审查中央政府国家行为合宪性的权力而产生政治忧虑，担心一发而不可收拾。两相叠加，最终导致了全国人大常委会不得不根据中英谈判达成的有关协议和当年制定基本法时的原始考虑，对基本法进行解释。

显然，由"吴嘉玲案"引起的中央权力与特区司法权力的第一次遭遇，并非令人愉悦的经历。终审法院当年拒绝依基本法规定向全国人大提请释法，实质上是政治上赌博的行为。而正是在终院决定不按正当程序寻求释法，又执意将司法审查权延伸到国家行为，这才引致特区政府通过国务院提请全国人大常委会释法的不寻常做法。终院的行为，实际上是用"一国两制"和高度自治作为政治筹码，试探北京是否会在管治权威受到挑战时让步。北京以"释法"的形式给予明确回应。有评论者曾就此写道：

> 全国人大第一次对香港基本法进行解释，其要害不在于单纯的港人在内地所生子女的"居港权"问题，而在于如何处理临时立法会合法性受质疑所产生的问题，以及香港法院判词中对违宪审查权的范围表述是否挑战中央权威的问题……这一次释法，是"中央"对地方司法机关冒犯其权威的挑战予以的还击，围绕居港权案件而产生的第一次人大释法事件，揭示了中央权威不容冒犯这一"政治"与地方法院强调"法治"的冲突。通过"澄清"和"释法"，中央权威得到了维护。①

特区成立之初，双方对于"一国两制"究竟如何落实、秉承普通法传统的司法机构如何处理与基本法相关的问题均缺乏经验，特别是创建之初的香港终审法院希望通过具体案例确立北京在"一国两制"问题上的底线，因此出现碰撞与摩擦是难免的。

　　在随后的"庄丰源案"和"刚果（金）案"中，京港双方在调适两个

---

① http://www.cuhk.edu.hk/ics/21c/supplem/essay/0709028.htm.

法系之间的潜在冲突和矛盾方面则显得更有智慧和分寸。虽然在"庄丰源案"中，全国人大并不同意终审法院对于居港权问题作出的解释，但并未采取任何实质性的法律或政治行动加以纠正；而仅是以全国人大常委会法制工作委员会的名义作出声明，指"香港特区终审法院七月二十日对庄丰源案的判决，与全国人大常委会的有关解释不尽一致，我们对此表示关注"。特区政府亦没有就此案的判决向全国人大常委会提出释法要求。而在 2011 年的"刚果（金）案"中，尽管不少香港法律界人士认为法院应该跟从普通法传统中的"有限外交豁免权"原则，但终审法院仍以三比二的比数决定依照基本法向全国人大常委会寻求释法，并最终跟从全国人大常委会关于外交豁免权原则的解释。这是在"港人治港"的原则下，第一次实现京港双方相向而行、互相合作，妥善处理了两种法系之间矛盾和冲突的成功案例。

香港回归之后，维护香港的法治传统是落实"一国两制"的基础性环节，正如内地官方语言中常说的"重中之重"，断乎不可小视。香港特区要真正维持法治的核心价值和司法机构的独立运作，就需要以高度的智慧平衡中央主权及治权与香港独立司法审判权之间的关系。特区司法界也需要和中央政府建立良好的沟通桥梁和共事机制，以合作而不是对抗的姿态处理香港的普通法系与内地实行的大陆法系之间的张力。唯有如此才是香港法治得以永葆青春的正道。法律之上需要智慧；冲突、对抗甚至蛮干只会摧毁而不是保全香港的法治精神和法治传统。这亦是"港人治港"的精要所在。

与时代共舞

回归十八年来,"港人治港"在"一国两制"落实过程中始终扮演重要角色。但是,随着时代的变化,"港人治港"也必然面临着新的情况和挑战。《吕氏春秋·察今》中记载了一则刻舟求剑的故事:

> 楚人有涉江者,其剑自舟中坠于水,遽契其舟,曰"是吾剑之所从坠。"舟止,从其所契者入水求之。舟已行矣,而剑不行,求剑若此,不亦惑乎?

这个寓言故事蕴含着中国文化传统中治道一定要随时代的变化而改变的深刻哲理。那么在二十一世纪,"港人治港"究竟面临哪些新的情况呢?总结起来主要有如下三个方面。

首先,"港人治港"面临着香港特区的治理体系不断民主化的新形势。香港自开埠以来始终奉行精英主义的治港路线,"一国两制"下的"港人治港"也试图继承这一传统。但这种简单的延续性越来越受到香港治理体系民主化的挑战。香港管治体系的逐步民主化,是根据基本法的规定进行的。基本法第四十五条和第六十八条分别规定了回归之后,香港特区行政长官和立法会的产生办法均应"根据香港特别行政区的实际情况和循序渐进的原则而规定",最终达致"双普选"的目标(即行政长官和立法会全体议员均由普选产生)。在这个总体目标下,选举在香港特区的政治生活

129

中扮演着越来越重要的角色。

以选举为基础的"港人治港"显然将与以委任为基础的"港人治港"大不相同。这种差别主要体现在三个因素上，包括：治港人才的产生途径、精英主义与民粹主义的潜在冲突以及未来治港队伍的政治问责性问题。在选举制逐步替代委任制度成为"港人治港"的原则时，治港人才将日益需要接受选举的考验。完全依靠精英路线的传统管治精英或者适应选举文化，或者被新的政治人才所淘汰。实际上，即使在 2012 年以选举委员会拣选特首候选人时，梁振英、唐英年和何俊仁三人之间仍进行了全社会范围的竞选活动，而民意的支持对梁振英最后胜出具有重大影响。可想而知，随着治理体系的进一步民主化，选举压力和选举文化可能成为"港人治港"的主旋律。随着选举变得日益重要，传统的精英主义治港路线也面临着民粹主义和激进甚至极端势力的冲击。如何平衡精英主义的理性与民粹主义的激情，将是未来落实"港人治港"过程中待解的主要难题。同时，随着选举时代的到来，治港人才不再仅仅是对上负责、对同侪负责，他们更需要对选民负责，要建立香港管治阶层与基层社会之间的问责关系（accountability）。这种官民之间新的政治问责纽带，势必为香港的管治带来全新的动力和思维模式。

第二，在香港回归以来落实"一国两制"的过程中，香港本地的知识精英在日常政治生活中发挥越来越重要的影响，在重大政治事件中开始起到引领作用。香港本地的知识分子在殖民地时期虽然关注政治和香港的前途命运，但由于港英政府的有意隔离和限制，使得以香港专上学院（即高等院校）为大本营的香港知识精英阶层对政治生活的影响较小，知识分子也主要埋头于象牙塔和书斋之内。回归以来，在"港人治港"的安排下，香港本地知识分子越来越深入地参与到社会政治活动中去，甚至在不少领域发挥引领作用。譬如，2014 年的"占领运动"，其三位发起人中，就有两位是香港高等院校的副教授。被"港独"和"本土派"势力奉为导师的《香港城邦论》作者也是大学教员。另外，有一些大学教员从政，担任立法会议员、选举委员会委员和本地政党的领导人；有的则应特区政府邀请以不同形式参与管治工作。总体来讲，回归以来一个重要的新情况就是以高等教育界为主体的香港知识界成为"港人治港"的生力军。这使得传统以工商界和行政精英为主体的"港人治港"路线遭逢挑战，值得在未来引起高度重视。

第三，展望未来，"港人治港"方针在香港特区的落实还面临着中央政府处理香港事务的队伍发生代际交替的新情况。内地通常用"五零后"、"六零后"、"七零后"和"八零后"等词汇指代出生于上个世纪五十年代、六十年代、七十年代和八十年代的四代人。香港的回归（包括回归前的中英谈判）在中央方面主要是由出生于二十世纪初期的老一代政治家所主导完成的。这些老一代政治家亲身经历了中国积贫积弱的年代，感受到香港和中国内地在经济发展和文明程度上的强烈对比，对香港始终高看一眼，具有特殊的感情。《亚洲周刊》曾写道：

　　再造香港是中国改革开放总设计师邓小平的遗愿。一九八八年六月三日，邓小平在会见"九十年代的中国与世界"国际会议全体与会者时，邓小平说："现在有一个香港，我们在内地还要造几个'香港'，就是说，为了实现我们的发展战略目标，要更加开放。"翌年五月，邓小平与当时的中央领导谈话时又重申，"我过去说过要再造几个'香港'，就是说我们要开放，不能收，要比过去更开放。……总之，改革开放要更大胆一些。"有媒体描述，这是对第三代领导集体的政治交班。①

同时，在中国改革开放初期，香港对于内地经济建设具有不可替代的重要作用，港府的施政经验更是内地许多领域模仿和学习的样板。正因为老一辈政治家对香港的厚爱，加上当年内地和香港之间差距的悬殊，使得他们在处理香港问题上往往倾向采取非常宽容的态度，对于香港社会的不和谐声音和做法也具有较高的宽容度，唯恐一招不慎会影响香港的繁荣和安定。但随着年轻一代中国官员走向港澳工作的第一线，以及内地主要城市与香港之间经济和制度差距的缩小，老一辈政治人物这种特殊的历史情怀和现实考虑未必能被成长经历截然不同的新一代中国精英阶层继承下来。

可以想见，随着时间的向前推移，中央政府对香港事务的处理将越来越日常化、专业化和行政化。特别是未来，当在改革开放和中国崛起过程

---

① http://www.yzzk.com/cfm/content_archive.cfm?id=1363761949492&docissue=2012-27.

中成长起来的年轻中国精英阶层成为处理对港事务和制定对港政策的中流砥柱时，他们对香港的看法是否还能够和老一辈政治家完全一致，这本身就存在绝大疑问。未来"港人治港"如何在香港落实，部分取决于年轻一代中国精英阶层在多年以来积累而成的对香港的观感、看法和态度。特别是随着两地交流的日益密切，弥漫在香港社会的"反中"情绪和历史遗留下来的针对内地的习惯思维经过大众媒体的渲染，势必对年轻一代中国政治、经济和知识精英阶层关于香港的观念和态度产生极大的负面影响。同时，随着两地精英阶层在国际化、现代化和受教育程度上对比关系的逆转，"港人治港"本身所具有的逻辑性和正当性也在新的时代显得越来越单薄。坦率地说，这才是"港人治港"在二十一世纪所必须面对和处理的最大变局。

第 5 章

特殊的边陲

北京，北京

香港是中国的特殊边陲城市。边陲，按《辞海》的解释，就是边疆。香港位处中国大陆的南大门位置，就地理位置而言是名副其实的边陲地带。但在中国的政治话语中，所谓边陲则另具更深的含义。边陲首先意味着政治和权力架构中的边缘位置。在治理体系中，边陲总是远离主体政治权力核心地带，俗语所说"山高皇帝远"正此之谓也。在中国传统的"意象"之中，边陲之地往往被描画为王化暂不能及的烟瘴之地。这一方面表示主体政治秩序对边陲地带的影响和管控往往受到空间距离和体制差异的制约，另一方面也暗示边陲地带得以拥有比其他行省更多的自主空间。边陲还意味着与政治主体的区隔——既有地理意义上的隔离，也有文化、心理和认同上的区隔。但最重要的一点恐怕是，边陲更意味着政治信任度由

134

近而远的递减——权力核心对地理、政治、经济、文化上距离自己极为遥远的边陲地带自然而然地存在政治信任上的疑虑；中央与边陲在各方面距离越遥远，彼此间政治信任也就越衰弱，针对边陲的管控和防备措施也就越严密。因此，在政治边陲和政治中心之间的信任程度，是决定政治核心将采取何种政治态度与管控政策来治理边陲地带的关键因素。信任，是政治中心与政治边陲之间的永恒心结。

如何处理庞大国土中的政治边陲从来都是中国政治主体的重要任务。边陲若不靖，国土则不安。从历史到今天，中国政府处理边陲问题往往遵循五个原则。第一，是领土统一原则。权力中心处理政治边陲事务的基本目标是保持国家领土的统一和完整。所以任何边陲地带如果出现武装反叛、独立、颠覆性内乱或者与外国政权相勾连，可以预期的是来自权力中心的毁灭性打击。第二，是主权治权不可分原则。中国历代政府在处理政治边陲问题时一向秉持主权治权不可分割的原则，既行使主权，也行使治权。譬如，即使在交通极为不便的时代，清廷仍在西藏设立驻藏办事大臣，直接监管西藏的治理事务；对西藏大活佛和呼图克图的转世，也通过金瓶掣签制度保有监察权和决定权。中国政治中从来没有分割主权与治权的传统。第三，是文化多元主义原则。中国政府对于国土疆域之内的边陲地带采行文化多元主义的治理手法，允许不同于国家主体文化的地方特殊文化在边陲地带存续和发展，一般不加干预。第四，是地方自治原则。中国政府对于边陲地带的治理，从传统上始终给予较大的自治空间。对于地方领袖作出的自治事务范围之内的决策，只要不损害中央利益，不予干涉。中央亦尊重边陲地带特殊的政治秩序。第五，是国家认同原则。中国历代政府在处理政治边陲事务时，一个共同的要求就是边陲社会必须建立起稳固的国家认同，并通过日常行政和社会生活表达出来。国家认同是否稳固，直接决定中央权力对边陲地带采取"剿"还是"抚"的政策。可以说，中国历代政府治理边陲地带的主要诉求就是国家认同的建立。从古到今，这五项原则构成了中国治理结构中处理政治边陲事务的政治基础。

自香港开埠到 1997 年回归的近一个半世纪里，香港始终游离于中国主体的政治结构之外，是极为特殊的边陲。中国对香港恢复行使主权和香港特别行政区的成立这两个历史事件标志着香港再次成为中国大一统的治理体系的一部分。《汉书·王吉传》曾用"六合同风、九州共贯"八个字形容中国的大一统文化——显然对中国政治而言，大一统绝非宏大空洞的主题宣言，而是具体而微的政治实践。"一国两制"的安排恰恰旨在保证香港在中国大一统的政治体系中得以作为特殊边陲地带而存在，"港人治港"和高度自治这两项原则则从制度层面保障香港的独特性和香港独有的管治秩序的延续性。在崇尚大一统的中国政治中，这是特殊之特殊的安排。

如前所述，高度自治是在"一国两制"框架下，北京在香港这一特殊的政治边陲所实施的治理安排。既然京港关系属中央与边陲之关系，那么前述的五项政治原则是全部适用于香港治理的。高度自治不是完全自治，更不是独立。高度自治下的香港特区不是如同波多黎各（Puerto Rico）那样的自治领——那并非中国的政治传统，以大一统为主旋律的中国政治文化中没有亦不可能有"象征性主权"的概念。故而，第一，香港特区实行"高度自治"的根本目的是为了保证中国领土的统一和完整，这也是北京眼中特区政治运作的政治底线和政治高压线，任何时候都不可触碰。第二，北京在香港行使统一的主权和治权，主权和治权既不存在分割，也不存在让渡。所有幻想北京仅在香港行使如"英联邦"架构下的"象征性主权"或"抽象主权"，而将实质治权完全让渡于香港社会的人，实际上都未能从中国的政治传统出发认真思考这一问题。第三，北京尊重香港拥有同中国主体不同的社会文化、价值观、经济制度和生活方式。保留和延续这些独特性正是高度自治的题中应有之意。第四，高度自治秉承中国传统赋予政治边陲地带较高自治空间的一贯做法，把管治本地事务的工作主要授权给当地社会来自行完成；除非损及国家的安全或利益，中央权力不作干预。第五，中央权力对高度自治地方的总体要求仍是国家认同问题。高度自治地方是否能够建立起统一的、稳固的国家政治认同，是政治核心和政治边陲之间互信的根本基础，也是高度自治得以健康实施的前提。没有巩固的国家认同，就不可能产生政治互信，亦就不会有切实的高度自治。

因此，"一国两制"框架下的高度自治是一个活的、有生命力的制度。它的空间和界限会随着时代的变化，以及香港和中国内地的具体情况更动而不断被调整和变动。调整、变动的主要依据就是香港特区与中央政府之间互相信任的程度，以及国家的主权、安全和发展利益在香港受到保障的程度；更明确地说，能否建立政治信任就取决于香港社会是否能够建立中国的国家认同、接受国家的政治秩序、承认国家的管治权威、维护国家的安全利益和尊重国家的代表标志。国家对香港的政治信任由此五个方面得以衡量，而高度自治的空间大小即由政治信任的程度高低决定，两者之间是正比例的关系。解开香港政治乱局的金钥匙即在此处。

作为政治边陲的香港，无论是自治空间的存续还是未来发展的保障，都离不开妥善处理自己与政治中心的关系。而这一组关系中的核心要素，是政治信任的问题。实际上，长期来看，京港之间互信缺失，以及针对特区的政治管控被迫升级对中央权力来讲未必会造成过大的直接损失，但其连带的政治、经济和社会后果对于作为政治边陲并原本享有一定自治空间的香港特别行政区来说，则可能是摧毁性的。高度自治究竟有多高，直接取决于北京与香港特区之间的政治信任程度有多高；香港将以怎样的姿态迎接 2047 年的到来，部分也取决于接下来的二三十年间，中央政府与香港之间的信任关系将发展为怎样的形态。现在已经是香港社会需要在这个问题上刻不容缓采取积极行动的时候了。时不我待，机会稍纵即逝。

合作还是自残？

因此，在改善北京与香港的信任关系过程中，即便只是为自身的前途和命运着想，香港社会不但应该比当前有更大的动力，而且应该也可以拿出更加积极的措施，认真踏出第一步。但要做到这一点，首先香港社会就需要在政治观念和政治态度上作出改变。客观地说，1997 年以来，香港社会在处理和北京的关系时经常采取的是以对抗式为主的思维方式和行为模式，这并不利于北京与香港之间建立政治信任关系。

　　回归后，香港社会在处理京港关系问题上的对抗式的思维方式和行为模式主要反映在五个方面。第一，1997 年以来，香港社会始终没有厘清"一国两制"的内外界线，没有理解"一国"与"两制"的关系，拒绝进行国家政治认同的建设。第二，香港社会始终对中国主体的政治秩序持有敌视态度，没有接受国家主体的政治秩序，始终作为国家根本政治制度挑战者的面目出现。第三，香港社会对"一国两制"安排下的高度自治抱有不切实际的幻想，对于北京在港的实质性主权和治权始终无意给予尊重。第四，香港社会始终未能在维护中国的国家主权、安全和发展利益方面表现出足以令北京信赖的积极姿态。第五，香港社会对于国家统一的语言、文字和代表性标志的疏远、敌视态度始终未能得到改善，而且有代代相传的趋向；而这种对中国国家文化标志的敌视态度，与近年来某些香港社会运动人士在公开活动中大肆挥舞港英时代殖民地政治旗帜的行为形成鲜明的反差。

　　在处理与北京关系的行为模式上，回归十八年来香港社会也保持了以抗争运动为主的基本态势、以社会运动和"不合作"为主要工具、以"大闹大解决、小闹小解决、不闹不解决"为总体行动逻辑。北京自 1997 年以来对香港采取的"送大礼保稳定"和息事宁人的两种态度，进一步助长了抗争型社会运动的发展。从"自由行"到"双非"儿童、从反"二十三条"立法到反国民教育，几乎所有关涉香港和内地关系的关键议题都被一些组织和政治人物以所谓反对"北京殖民主义"的政治话语进行包装，再以激烈社会运动的形式予以反抗，令双方关系一再恶化，政治信任荡然无存。以"双非"儿童为例，在回归之后的居港权司法争议中，暂且不论法理上的是非曲直，就政治观点而言，北京始终是明确反对给予"双非"儿童居港权，这也是香港司法界和北京在全国人大就有关条款释法过程中的重要争论点之一。这一争论的结果是北京让步，没有推翻终审法院在"庄丰源案"中的判决，令出生于香港的"双非"儿童拥有居港权。但当这个判决引起了跨境产子潮之后，香港不少人和某些媒体又倒打一耙，把"双非"儿童问题硬生生说成是北京向香港的"殖民阴谋"。这样正正反反的阴谋论令人哭笑不得。

2014 年爆发的"占领行动"和其后部分激进社会运动人士和青年学生提出的"勇武抗争"路线，把 1997 年以来香港社会处理与北京关系的对抗性做法又升级到一个新的层次。这个新的层次的基本逻辑是"自残"，亦即通过自我破坏甚至自我毁灭——主要是瘫痪"一国两制"之下香港的政治、经济和社会运作——来向北京施加压力，力图实现政治上的诉求。如"占领运动"的发起人之一戴耀廷在 2013 年 1 月 16 日于《信报》刊载的文章中就提出：

> 过去的策略包括举行大型游行（如 2003 年七一大游行）、变相公投（如上一回政改时的五区公投）、占领政府总部配合绝食（如反国教科时的公民广场），但面对政改，这些行动能有多大成效，实在成疑……而这些策略所产生的压力可能还不足够；因此，要争取香港落实真普选，可能要准备"杀伤力"更大的武器——占领中环。

行动以非暴力的公民抗命方式，由示威者违法地长期占领中环要道，以瘫痪香港的政经中心，迫使北京改变立场。①

这种策略是不理智也是不明智的。实际上，用自残或自虐的方式来争取利益在中国文化中是非常常见的现象，并非新的创见。传统中国不少帮会成员向商家索取保护费，就是用砖头把自己砸得头破血流之后站在商户门口，一言不发，等待商家出钱买平安。但如果把这样的行为模式套用到政治边陲与政治中心的互动关系中，则存在很大问题。

第一，与个人自残不同，社会性的"自残"需要破坏乃至瘫痪正常的社会运作和秩序。破坏者在举事之前是否能够得到潜在受影响的社会其他人士的赞同？如果不能或没有获得事先同意，这种破坏活动对社会其他个体和社会整体利益的侵害与其他刑事犯罪行为又有何本质区别？第二，对社会公共秩序进行自残或自毁的效果亦值得商榷。即便几十万人占领街道，最终也只是影响到某些街区的通行便利，究竟能对千里之外的中央权力造成多大的"杀伤力"也是值得质疑的；实际上，2014 年的"占领运动"虽然轰轰烈烈开展近七十九天，但即便对一河之隔的深圳市都未造成任何政治上的明显"伤害"。第三，自残式勇武抗争者的命门在于：如果权力中心对他们的行为不予置理，则其抗争行动本身都难以为继，遑论实现诉求。无论是占领街道甚至采用更为激烈和暴力的对抗形式，在政治边陲被

---

① 戴耀廷：《公民抗命的最大杀伤力武器》，《信报》2013 年 1 月 16 日。

有效区隔于国家主体之外的大前提下，抗争行动的政治影响被严格限制于狭小的边陲地带之内，无论多么激烈亦不能在更大的层面上对中央权力造成压力。政治边陲和政治主体之间在地理、体制和交流上的区隔，使得边陲社会"勇武抗争者"的破坏力根本无法跨越两者之间的隔离鸿沟。在这样的情况下，自残式抗争行为除了摧毁自己的家园外，实际上无助于解决任何问题。

当八十年代北京"一国两制"的奠基者们为回归之后的香港谱写蓝图时，他们决策的基础就是对香港社会的高度信任。这种信任，在老一辈中国领导人看来是理所当然的：香港华人社会或许在价值观、生活方式和社会文化上与内地人民存在着千山万水的差异，但他们对中国的认同和政治忠诚应该是毋庸置疑的。邓小平在 1984 年曾这样评价道：

> 凡是中华儿女，不管穿什么服装，不管是什么立场，起码都有中华民族的自豪感。香港人也是有这种民族自豪感的。香港人是能治理好香港的，要有这个信心。①

然而，意料之外的是，在香港回归十八年后，恰恰是作为落实"一国两制"的基础性条件的京港之间的政治信任已经被遍地开花的、对抗式的"反中"思维方式和行为模式破坏殆尽。在新的形势下，要重建北京和

---

① 《邓小平论"一国两制"》，三联书店（香港）2004 年版，第 13 页。

香港之间在八十年代曾经有过的政治信任谈何容易？但无论这目标多么困难，香港社会亦必须认识到，未来"一国两制"、"港人治港"和高度自治的贯彻与落实均系于两地之间的信任；没有信任，这些既定的安排或者被迫收紧，或者在最坏的状况下被迫取消，对于香港来说都是非常严重的后果。毕竟对于权力中心来说，领土的完整、国家的统一和政权的安全才是更重要的优先事项，它们的权重远远高过某个边陲地带的繁荣、稳定或者自治空间。

重建政治信任，就需要香港社会从 1997 年以来处理京港关系中对抗式的心理和行为定式中解脱出来，认识到"务实合作"和"向前看"才是最理智和最优的策略选择。这关涉特区政治参与各方如何看待北京在"一国两制"框架下对香港这政治边陲之地的底线关切。只有在北京的底线关切被香港社会切实回应、中央在港的主权安全和发展利益被有效保障、香港华人社会的中国国家认同被逐步确立的情况下，香港特区的高度自治才有可能迈向新的阶段，获得更大的空间。

"底线关切"的政治

中央权力对于政治边陲的治理是具有底线关切的。底线关切是权力中心在边陲地带最关注的核心利益和优先事项。权力中心的这些关切是否得到边陲社会的切实回应、相应的核心利益是否得到有效保障，也是决定权力中心对某一政治边陲制定和执行政策的基础性考虑因素。中国历史上，中央权力对边陲地带或战或和、或剿或抚、政治管束或松或紧，都由这些底线关切的落实情况决定。

在中华人民共和国成立后，中国领导层对于香港的底线关切是存在一个变化过程的。在毛泽东时期，中国领导层对港奉行"长期打算、充分利用"的方针，中央的底线关切是，香港作为中国通向西方资本主义全球市场的重要通道的地位和作用能否得到维持。正是在这个底线关切下，中央政府采取了对港澳暂时不动、充分利用其独特地位的办法。毛泽东曾明确指出：

> 至于香港，英国没有多少军事力量，我们要占领是可以的。但过去有条约关系，小部分是割让的，大部分是租借的，租期是九十九年，还有三十四年才满期。这是特殊情况，我们暂时不准备动它。香港是通商要道，如果我们现在就控制它，对世界贸易、对我们同世界的贸易关系都不利，我们暂时不准备动它。①

当然在关涉港澳领土地位、主权归属的问题上，中共第一代领导人仍然采取了有效措施，为将来港澳回归祖国做了准备。②

---

① 《毛泽东年谱（1949—1976）》第五卷，中央文献出版社 2013 年版，第 249—250 页。

② 这些措施之一，是在 1972 年 11 月，联合国大会以 99 票对 5 票的压倒多数通过了相应决议，确定了中国对香港、澳门问题的立场与要求。在中国的坚持下，第 27 届联大会议批准了在中国建议基础上而形成的非殖化特别委员会的报告，从殖民地名单中删去了香港和澳门，这样就从国际法律上确认了中国对港澳地区的主权，为香港、澳门回归祖国怀抱打下了第一块基石。参见 http://dangshi.people.com.cn/BIG5/13133333.html。

　　"文化大革命"结束后，领导中国进入改革开放新时期的第二代中央领导层在香港的底线关切则可用八个字概括，即："顺利回归、平稳过渡"。因此，第二代中央领导层在处理香港问题时，关切的核心在于：是否有利于中英达成协议、令英国按时结束对香港的殖民统治、中国顺利恢复行使主权？是否有利于从八十年代中期开始到 1997 年的回归过渡期香港社会的平稳有序？是否有利于北京和香港共同合作、为"一国两制"的落实创造各方面条件？无论是中英谈判的过程、联合联络小组的工作，还是基本法的制定、对彭定康改革的批评，抑或是处理中英在新机场建设等问题上的争议，北京都是按照上述的底线关切来处理的，目的是维护中央权力其时在香港问题上的核心利益。

　　在江泽民时期和胡锦涛时期，中央政府对港工作的底线关切最初主要有两项：第一，顺利完成回归工作。这包括监视英国殖民势力的撤退和领导香港特别行政区的组建。第二，保证香港特别行政区在中国恢复行使主权之后的繁荣稳定。这也是中央权力对复归的政治边陲所具有的政治担当。这一时期对港政策的制定和相关工作的开展，都以服务于这两项底线关切为着力点。

　　2003 年以后，中央在香港的底线关切逐步发生了变化；而这个变化过程是因应香港社会的实际状况和香港特区政治中渐次萌生出的新情况而产生的。第一个新情况是 2003 年特区政府依照基本法第二十三条所进行的国家安全立法的失败。中国历代政府管理边陲地带的一个核心关切就是领土完整和政权安全，亦即中央权力不容许下辖的边陲地带成为反叛活动的大本营或者外国势力进行对华颠覆的前进基地。基本法关于国家安全立法的第二十三条正是旨在处理中央权力的这一关切。稍后还会论及，允许香港特区以"自行立法"来处理国家安全问题，其目的乃是力图在最大限度上保证香港的法治延续性，求得维护香港法治传统与保障国家安全关切之间的统一。因此，落实国家安全立法是香港顺利落实高度自治的必要条件，也是香港社会无可回避的宪制责任。2003年，香港社会以声势浩大的社会运动反对及阻挠这一立法工作的完成，甚至导致本来"无悬念"支持北京的本地建制派的深度分裂，这不但未能使北京关于国家安全的关切得到切实回应，反而大大加深了中央政府对于香港社会在政治可信度方面的疑虑和香港有可能成为对华颠覆活动前进基地的隐忧。

第二个新情况是2012年的反"国民教育"运动。如上所述，中国政府处理政治边陲问题的重要原则之一是国家认同原则。在政治边陲社会是否能够建立起统一的、稳固的国家认同，是中央权力衡量边陲社会政治忠诚度的标尺之一，也是中央权力对该边陲地带建立政治信任的依据。国民身份的教育，是从东方到西方所有国家都必须进行的工作。同国家安全立法一样，香港的"国民教育"是建构国家认同的途径，是中央在香港的核心利益之一，也是香港社会对于政治中心的政治和道义义务，以及香港高度自治的前提。没有国家认同的建立，便不会有政治信任的基础，高度自治和民主化的空间也会十分狭窄。2012年，香港社会大规模动员反对港府"国民教育科"的开展计划，在北京看来是对"一国"的国家认同的抗拒，也标志着香港社会对权力中心依然存在相当程度的敌视。在中国政治的概念里，如果"一国"这个基本的前提都无法得到保障，那么其他事情自然也无从谈起。香港社会抗拒国民教育的动员和行动过程，进一步加深了北京对于香港社会政治认同上的忧虑。

第三个新情况是"反中"情绪的蔓延和激进化。如本书曾论及，香港社会针对内地社会的敌视、疏远和歧视的情绪由来有之，与两地之间在经济和生活水平上曾经存在的落差不无关系；但总体来讲，在回归前和回归初期，这种情绪尚未超过中国内地经济发达大都市居民对外来人口反感情绪的程度和界线。然而，近十年以来，在本港和海外政治势力的操弄下，香港社会的"反中"情绪已经超越了北京所能容忍的底线。部分香港市民把内地游客肆意丑化为"蝗虫"、打出"我不是中国人"的标语，并公然在公共场合骚扰内地游客，报纸媒体也刊登所谓"驱蝗"广告等，这些以地域为标准、公然侮辱特定族群的行为在任何文明地区都是会受到公众舆论谴责的行为。这些行动近来已升级为公开冲击解放军军营的对抗政权行为，"港独"势力打着"本土派"旗帜也沉渣泛起。这些公开的"反中"行为在特区大行其道，自诩为深受西方自由平等教育的香港社会似乎也默许了这些违反基本社会准则和触碰"政治高压线"的"反中"行为，除少数建制派人士之外，少有看到对这些行为的公开批评。特别是以自由主义自诩的香港本地知识界对这些公然的"仇恨"话语和行为的沉默更令人感到惊讶。自然而然，这些新的情况不但使得中央政府对香港产生新的政治疑虑，而且令中国政治、经济和知识精英中的年轻一代逐渐开始对香港产生极为负面的观感。这些顾虑、观感和印象必然会渐次在北京的对港政策上有所体现，对香港的未来影响将十分深远。

第四个新情况是如"占领运动"那样自残式抗争行动的发生，令中央政府对香港社会是否有意愿及能力维护国家的发展利益存在疑虑。随着香港社会针对中央权力的对抗行动升级到自残式阶段，这些运动对国家发展利益造成损害甚至破坏的潜在可能性大大增加。香港是中国境内一个历史自然形成的自由港和金融中心，中央政府始终尊重这一地位。但若香港希望成为中国经济体系的一个国家级金融中心，尚需得到中央权力的政治背书。这一背书的前提就是香港能够妥善发挥其在国家整体发展中的特殊作用，能够保障国家的金融安全和利益，能够成为中央权力足以信赖的经济重镇。但随着自残式的抗争行动的发展和香港社会迄今为止所表现出的对中国国家认同本身的"离心离德"，使得北京对于香港是否能够在未来做到不损害、不破坏国家的发展利益都充满疑虑，更遑论促进和维护国家的发展利益？如前所述，2014 年北京决定把原定于香港召开的亚太经合组织（APEC）财政部长会议改在北京召开，在一定程度上反映了中央权力在这一方面的顾虑。

因应这些新的情况和变化，新一代中国共产党领导集体对中央政府在香港的底线关切有了进一步的发展和深化。2012 年举行的中国共产党第十八次全国代表大会通过其政治报告郑重指出：

中央政府对香港、澳门实行的各项方针政策，根本宗旨是维护国家主权、安全、发展利益，保持香港、澳门长期繁荣稳定。全面准确贯彻"一国两制"、"港人治港"、"澳人治澳"、高度自治的方针，必须把坚持一国原则和尊重两制差异、维护中央权力和保障特别行政区高度自治权、发挥祖国内地坚强后盾作用和提高港澳自身竞争力有机结合起来，任何时候都不能偏废。①

中国共产党十八大之后，中央政府和驻港机构主要官员的历次发言均清晰体现出，中央在港新的底线关切已全面转变为政治报告中所界定的"国家的主权、安全和发展利益"。这三个要素也势必成为将来相当长的一段时间内北京分析香港局势和调整对港政策的关键考虑。国家的主权包括国家在香港的领土、领海和领空主权，也包括中央在香港依法享有的治权不容损害和"虚化"。国家安全则以新的综合安全观概念为纲要，其中涵盖国家的政治安全、军事安全、经济安全、文化安全、社会安全和信息安全。而发展利益则指中国宪法确立的国家政治制度和社会大局稳定，以及经济社会可持续发展的基本保障。上述三项要素势必构成未来中央政府所需要确保的新的底线关切。

在新的形势下，中央政府显然已经把原有的，以维护香港特区繁荣稳定为核心的单一底线关切转变为国家的主权、安全和发展利益与香港的繁荣稳定相统一的复合型整体。2014 年 12 月 26 日，中共中央总书记、国家主席习近平在谈到香港政制改革问题时，进一步提出了"三个有利于"

---

① 　http://cpc.people.com.cn/n/2012/1118/c64094-19612151-10.html.

的标准，即香港的政制改革工作要"有利于居民安居乐业，有利于社会繁荣稳定，有利于维护国家主权、安全、发展利益"①。2015 年 12 月 23 日，习近平主席在会见来京述职的香港特别行政区行政长官梁振英时进一步指出，"中央贯彻'一国两制'方针坚持两点。一是坚定不移，不会变，不动摇。二是全面准确，确保'一国两制'在香港的实践不走样、不变形，始终沿着正确方向前进"。② 这几方面的内容是对中央在港底线关切的完整叙述，势必将对未来北京对香港的政策具有长远的"定调"性的指导作用。

"泛民"的困境

如前所述，"港人治港"和高度自治是"一国两制"框架下的两翼。与"一国两制"一样，高度自治本身也是一个极富弹性的空间。它随着时代变化而不断发展。在北京看来，高度自治从来都不是完全自治，更不是中央只行使所谓"象征性主权"的自治；高度自治是北京为管治香港这个特殊的政治边陲而作出的特殊政策安排。而在这一框架之下，香港社会自主性的高低必然取决于中央权力对香港的政治信任程度。要与北京重新构建高度信任，香港社会就需要首先在建立国家政治认同、接受国家政治秩序、承认国家的管治权威、维护国家安全利益和尊重国家代表标志这五个

①　http://news.wenweipo.com/2014/12/27/IN1412270016.htm.

②　"习近平会见来京述职的梁振英"（新华网北京 2015 年 12 月 23 日电）。

方面做好应做的工作。这是解开香港政治困局的金钥匙。在这一方面，香港的泛民主派作为高度自治的重要持份者，应该更加勇敢地作出转变，为香港的未来贡献出正面能量。

香港社会的一部分——特别是泛民主派——对高度自治本身的曲解造成了其政治行为内在逻辑上的矛盾，因而走入困境而不能自拔。这个逻辑上的矛盾突出表现在对高度自治目的的认识分歧上。香港泛民主派往往把高度自治视为"反中"、"抗共"甚至"拒中"的武器。在他们看来，坚持高度自治的目的是为了把香港建设成为中国国境之内的"异邦"，在这里或明或暗地构建出反对中央权力的基地和颠覆中央权力的前进营地，为1949 年以来的"反共"势力保留火种。但这显然与北京厘定高度自治原则的初衷是背道而驰的。第一，高度自治是中国共产党为香港在回归之后能够保持其独特性、保留其原有的社会经济制度、法律体系和生活方式而制定的政策。它不应该也不可能反而成为一个"反共"和"反中"的武器。第二，高度自治不是呆板的契约，而是特殊及灵活的政治安排。其程度高低、范围宽窄、形式变化的调整权操控于中央权力之手。另一方面，北京亦从第一天起就在"一国两制"的框架内准备了大量的政治、经济和法律手段以便将来行使这样的调整权，"备而不用"不等于"不用"。第三，从北京的角度看，高度自治限于基本法所规定的香港自治事务范畴，对高度自治的实施不能损害中国的主权、安全和发展利益。因而中央始终保持对"港人治港"、高度自治依照法定程序进行监督的权力。因此，香港泛民主派在政治上希望用北京亲手制定的"一国两制"政策来实现反对、抗拒甚至颠覆北京权力的观念，在逻辑上是严重不自洽的。

今天，香港传统的泛民主派实际上已走入了政治上的困境。多年以来，以"自治"来"拒中"的做法已经在现实面前被证实"此路不通"。因此，泛民中人已经不得不在挫败感中寄希望于中国主体政治秩序的变化。如2015 年 1 月 18 日，前公民党主席、立法会议员陈家洛在《明报》的一篇访问中提到他曾询问学生："有无想过有天早上醒来，五星红旗升不起"，并鼓励学生说"要想象它（威权政府）倒下来，要有 alternative（注：替代物），搞运动就是要有 alternative"。① 同年 3 月 4 日，占中发起人之一陈健民亦在《明报》发表文章，表示"我相信中国现时的发展模式是不能持续的，10 年间必有大变，届时会为香港提供政改的机遇"，并说"我相信雨伞世代已经觉醒，10 年间这些年轻人在体制内外将制造更大张力迫使政府回应"②。如果香港泛民全数走入这样的政治算命式的"牛角尖"和幻想曲，而不是立足于政治现实、采取务实态度，只会在政治上被进一步边缘化，最终在香港政坛失去发言机会。

因此，无论是高度自治本身还是未来可能的政制改革，香港社会各派势力首先需要厘清的是自己政治活动的根本目的所在。高度自治也好，特首普选也好，其目的应该是为了改善香港的治理、促进香港的民生、解决香港的实际问题，而不是为了对抗中央权力、改变中国主体政治秩序甚至丑化中国国家认同。只有摆正了这个位置，香港的高度自治和政制改革，

---

① 黄宇轩：《什么人访问什么人：后雨伞运动政党民间的互信?》，《明报》2015 年 1 月 18 日。
② 陈健民：《袋住先，如果我们都放弃希望》，《明报》2015 年 3 月 4 日。

甚至"一国两制"本身，才有可能得到北京最大程度的支持和祝福。香港的泛民主派，如果继续把自己定位为中国中央政权的挑战者和颠覆者，甚至政治"异邦"的构建者，而不是"一国两制"框架下香港本地自治事务的讨论者、批评者、监督者和合作者，不仅会令其自身逐渐消逝于历史的宏大进程之中，而且有可能葬送"一国两制"下香港本已享有的高度自治。

香港政治的吊诡之处就在于，要顺利落实，甚至不断扩宽"高度自治"的空间，必然的前提是香港社会与中央政府之间建立政治信任。但另一方面，部分香港政治力量坚持把"港人治港"、高度自治看作是对抗北京、"反中抗共"的武器，并将此付诸政治宣传和政治动员，这反而引起北京的疑虑和对香港政治管束的进一步升级。这两方面的内在矛盾构成了高度自治过程中的内生张力。要解决这个矛盾，关键还在于香港泛民主派的一念之间。如果"泛民"不能改变其对于高度自治的不切实际的想象，不能在"一国"原则上建立起同北京的政治互信，并将自身转型成为承认国家和特区总体政治秩序的"忠诚在野党"，他们或者会被香港选民所直接淘汰，或者会在新世代的压力之下变成激进的政治秩序破坏者。在那样的情况下，香港的民主运动其实并没有未来。

"二十三条"

正如前文所述，中国历代政府对于政治边陲地带的管治，最核心的关注就是国家安全问题。这里的国家安全大体可以分为国土安全和政权安全两个方面。国土安全意味着国土的完整与统一，即边陲地带不能叛离国土或被外部力量侵占。而政权安全，在于权力中心需要确保国家完整的治理结构和总体政治秩序的稳定与安全，不受来自内部与外部敌人的破坏。在这一方面，中央权力通常以极高的注意力防止政治边陲地带成为内部反叛势力的避风港或者内部反叛势力与外部敌对国家相互联系的基地。

作为中国最特殊的政治边陲，香港在回归之初即成为中央政府在国家安全方面的重要关注地区。这首先是由香港的国际性所决定的。香港是东西方的桥梁，是亚洲的国际都会，华洋杂处、社会成分十分复杂。各国政府和情报机构在香港的活动频繁，香港也因此被称为"东方谍都"。香港身为国际自由港，资金、人员和信息的流动都畅通无阻，也便利了各国政府开展对华的情报搜集和某些特殊机构进行对华颠覆活动。其次，香港与内地的制度差异也造成了香港一直存在合法的以"反华"、"反共"为己任的组织和力量。这些组织的活动，自然被北京视为对政权安全的严重威胁。再次，香港在较长时间内一直存在着十分活跃的公民社会。很多公民社会组织或者与外国相关组织开展密切合作，或者本身就是国际非政府组织的分支机构，其复杂的资金来往和活动联系无不引起北京的高度关注。最后，香港社会在国家政治认同教育方面的长期缺失，也使得北京在国土安全和政权安全两方面都对回归之后的香港特区存在疑虑。这些情况决定了北京始终对香港在国家安全方面的影响和可能造成的破坏保持高度警惕。

自基本法起草之日开始，如何以法律手段保证香港在国家安全方面不出问题，就是北京对港工作的重要议题之一。因此，从 1988 年 4 月的基本法第一稿开始，国家安全条款就始终是这部未来香港特区的宪制性法律的有机组成部分。1990 年 4 月 4 日通过的基本法第二十三条正式规定，"香港特别行政区应自行立法禁止任何叛国、分裂国家、煽动叛乱、颠覆中央人民政府及窃取国家机密的行为，禁止外国的政治性组织或团体在香港特别行政区进行政治活动，禁止香港特别行政区的政治性组织或团体与外国的政治性组织或团体建立联系"。这个条款的意涵包括三个方面。第一，香港特区具有立法保障国家安全，以及惩处破坏国家安全的行为的宪制责任。第二，第二十三条把关涉国家安全立法的权力授予香港特区，规定由特区"自行"完成立法，以最大程度地保障香港法治传统的延续性。第三，第二十三条禁止特区的政治性组织和团体与外国的政治性组织或团体进行相互勾连。这个条款旨在把保护国家安全与维护香港法治的独立性两个重要政治目的结合起来，试图达到两者之间的最佳平衡。但要实现这一设想，尚需香港社会与北京之间彼此更好地相互理解与协作。

如果说国家安全是中国政府管理边陲地带的核心关注事项的话，那么基本法第二十三条反映的正是北京在回归之前对维护香港法治传统的重视和对本地华人社会的高度信任。保障国家安全和政权安全从理论上讲完全是中央事权，严格说起来亦属于国防、外交事务及中央与特区的关系范畴；北京之所以选择把保障国家安全的立法权交给特区，而不是通过基本法附件三的形式由中央径行立法，主要是由于北京相信在回归之后，香港华人社会对祖国将是认同的，会理所当然愿意通过地方立法形式，根据香港的法治传统对国家安全作出有效保证。但是，迄今为止，历史的发展与北京当年的愿望并非全然一致。

在"一国两制"的奠基者看来，"国家安全立法"是实现"港人治港"和高度自治的先决条件，也是中国的中央权力与香港社会之间建立政治信任的先决条件和法律保证。北京认为，基本法第二十三条中所规定必须立法惩处的叛国、分裂国家行为、煽动叛乱、颠覆国家及窃取国家机密等五项罪行，是任何现代文明地区的法制都要予以认真处理的严重罪行，也是香港对主权者应当肩负的义务。2002 年，国务院副总理钱其琛表示，中央人民政府希望香港尽快落实基本法第二十三条立法。同年 9 月 24 日，特区政府颁布了《实施基本法第二十三条咨询文件》。咨询文件除了把现时法律已经涵盖但过时的法例进行修订外，还就原来香港法例中所没有的分裂国家行为与颠覆国家罪提案作出咨询。根据咨询文件，有关法例的修订会把现时分散于香港法例内的多项相关条文抽出集中，并重新写成一部"国家安全法"；根据基本法的相关规定，对叛国、分裂国家行为、煽动叛乱、颠覆国家及窃取国家机密五项罪行作出明确及清晰的立法。

香港社会对于履行基本法第二十三条这个宪制义务有所顾虑是预料之中的，但总体来说，2002 年到 2003 年间的二十三条立法争议并未超出公众咨询的应有界限。① 根据咨询的情况，特区政府按其原本计划，向立法会提交为落实基本法第二十三条而拟就的《国家安全（立法条文）条例草案》，并拟定于 2003 年 7 月 9 日在立法会二读及三读草案。国家安全立法的最终告吹，乃是由于建制派阵营自身的政治分裂。代表工商界利益的"自由党"在二十三条立法二读前夕决定撤销其对立法的支持，表示反对政府仓促立法，自由党主席田北俊亦宣布辞去行政会议成员职务。最终导致政府宣布无限期押后恢复二读，二十三条立法遂中止。田北俊其后在 2007 年 9 月于《明报月刊》撰文解释道：

> 二〇〇三年，金融风暴阴霾还未消除，香港经济仍在谷底徘徊，但想不到，更坏的日子仍在后头。那一年三月，神秘的沙士病毒静悄

---

① 例如，香港大律师公会认为，条例草案中某些条文——包括对《官方机密条例》及《社团条例》的建议修订——并非基本法第二十三条的要求；至于特区政府针对《刑事罪行条例》而提出的修订，亦只有某些（而非全部）属于第二十三条的要求。此外，大律师公会认为有关叛国罪的法例应予以现代化，而对于煽动叛乱罪的法例亦应作出修改。不过大律师公会认为，可在不制订新增罪行的前提下，制止颠覆及煽动叛乱的行为。香港律师会则认为，香港有宪制义务依据基本法第二十三条立法，并建议按照合理标准、基本法的规定及适用的一般性原则研究政府草案所载的建议。律师会并就立法草案提出了关于"鼓动外来武力入侵中华人民共和国"是否应按照叛国罪论处、《官方机密条例》中"损害性的披露"的含义、警方的额外调查权力等数方面的技术性修订意见。参见《香港大律师公会就 2003 年〈国家安全（立法条文）条例草案〉之意见书：摘要》，（2003 年 4 月 11 日）http://www.hkba.org/whatsnew/submission position papers/2003/20030411-executive_chin.doc；《香港律师会对第二十三条蓝纸条例草案的回应概要》，125 号意见书（2003），http://www.article23.org.hk/newsupdate/may03/sub-mission125c.doc。

悄地入侵香港，社会上普遍弥漫着惶恐、不安和焦虑的情绪；加上脆弱的经济亦陷于崩溃的边缘，大大增加了负资产、裁员失业潮对市民所造成的苦困，也加剧了社会上的怨气。①

2003 年国家安全立法的失败，固然存在特区政府选择时机严重不当的问题。在疫魔压境、经济凋敝、愁云惨淡的社会氛围下，强行进行国家安全立法，只会引发社会的强烈反应，并将其他方面的怨气投射到二十三条立法问题上来，最终被反对派政治力量操弄。然而，这些大的社会背景并非二十三条立法最后遭遇失败的决定性因素；从根本上讲，二十三条立法未能完成的主因是代表工商业利益的"自由党"反戈一击、阵前叛离亲北京阵营。从一定意义上讲，二十三条立法的全过程可以看出，主要代表香港工商界声音的政治力量在关涉中央政府底线利益的重要问题上，与北京的想法和步调始终不尽一致。

但 2003 年二十三条立法的失败对香港的影响是深远的，远远超过一人一党的政治得失。第一，二十三条立法的失败使得北京对于香港在国家安全方面的隐忧不但无法消除，而且随着中国国际地位的变化和国际政治局势的复杂化而不断强化，成为阻碍北京和香港之间建立信任关系的最大障碍之一。第二，北京在香港回归后首次对于香港华人社会的国家认同现状产生了疑虑。这也使得北京开始修正自己从香港回归以来的某些一厢情

---

① http://www.mingpaomonthly.com/cfm/Archive2.cfm?File=200709/ph/01a.txt&Page=1.

愿的看法，开始以较为冷静的思路观察和评估香港社会国民身份认同问题的实际状况。更重要的是，二十三条立法失败后，北京被迫重新审视自己对于香港建制派阵营——尤其是香港商界——对中华人民共和国政权政治忠诚度的原有估计。如刘兆佳曾直言不讳地指出的那样：

> （回归以来）建制派人士尤其是立法会议员大致上支持新（的特区）政权……但《基本法》第二十三条立法的失败却显示他们并非让特区政府可以有效管治的必然可靠力量。①

这是足以重塑北京对香港社会敌、我、友阵营基本力量对比之评估的重大研判。

第三，国家安全立法的失败严重破坏了中央权力和香港社会之间政治互信的基础，北京也开始反思自八十年代以来对香港采取的政治上优容、经济上扶植政策的实际效果，开始重新审视不加管控的"高度自治"对国家主权、安全和发展利益所可能带来的破坏性力量。这次事件之后，中国精英阶层开始出现"五十年不变"不应该等同于"五十年不管"的声音。北京成立了处理港澳事务的中央级领导协调机构，重新扩充了在香港回归以后已经逐步收缩的对港和驻港工作部门，开始加强对香港特区政治运行的管束，在有关高度自治、"港人治港"和政制改革的问题上则开始采取

① 刘兆佳：《回归十五年以来香港特区管治及新政权建设》，商务印书馆(香港)2012 年版，第 18 页。

更为审慎的态度。

截至 2015 年 6 月，特区政府尚未表达要在近期重新恢复二十三条立法的意愿。但已经有越来越多的人士开始认识到国家安全立法对于京港之间重建信任，以及维护和扩展"港人治港"及高度自治空间所具有的意义。2015 年春天，特区政府全国人大代表、工联会理事长吴秋北曾谋求联署要求全国人大在通过新的国家安全法后将其列入基本法附件三，适用于香港特别行政区；后来，他又敦促香港特区尽快就二十三条完成自行立法。① 同年 4 月，全国人大常委会开会审议"国家安全法"（草案二次审议稿），当中两度提到香港与国家安全的密切关系，有关内容在中国人大网公布，向全社会征集意见。"草案二次审议稿"中两处有关香港的内容是，第十一条提到："中国的主权和领土完整不容分割。维护国家主权、统一和领土完整是包括港澳同胞和台湾同胞在内的全体中国人民的共同义务"；第三十六条第三款提到："香港特别行政区、澳门特别行政区应当履行维护国家安全的责任"②。5 月，《南华早报》就此发表社论认为，"香港就国

---

① http://paper.wenweipo.com/2015/01/20/HK1501200007.htm.

② http://news.takungpao.com/hkol/politics/2015-05/2993601.html.《中华人民共和国国家安全法》已由第十二届全国人民代表大会常务委员会第十五次会议于 2015 年 7 月 1 日通过。同日经国家主席习近平签署第二十九号主席令予以公布，自公布之日起施行。该法"草案第二次审议稿"第十一条在正式文本中保留为第十一条，表述为"中国的主权和领土完整不容侵犯和分割。维护国家主权、统一和领土完整是包括港澳同胞和台湾同胞在内的全中国人民的共同义务"。"草案第二次审议稿"第三十六条第三款在正式文本中成为第四十条第三款，文字表述不变。"国家安全法"全文见 http://www.gov.cn/zhengce/2015-07/01/content_2893902.htm.

安立法只是迟早问题"①。智库组织 Roundtable 于 2015 年 3 月 4 日至 19 日
在香港各大学校园以问卷形式成功访问了 604 名香港大学生，了解他们如
何反思及评价 2014 年的"占领运动"。调查显示，88%的受访者指出香港
是中国的一个城市，而 82%认为香港有责任维护国家安全。② 这些都说
明香港各阶层人士开始逐步认识到：只有香港社会主动承担起保护国家安
全的责任，京港之间的政治信任关系才能得以重建，"一国两制"才能拥
有更广阔的发展空间，"港人治港"和高度自治也才能真正掀开新的一页，
并由新的世代谱写出更加绚丽的乐章。

---

① http://www.nanzao.com/tc/opinion/14d476af8d871bb/she lun xiang gang jiu guo an li fa zhi
shi chi zao wen ti.

② http://www.roundtableedu.hk/articles/42573.

第 *6* 章

未来的香港

自信年代

中国共产党的对港方针，从一开始就蕴含着自信的元素。1974 年 5 月 25 日，年迈的毛泽东在会见英国前首相希思时，曾对香港问题做过最后的交代。中共中央档案馆保留的谈话稿上准确留下了这样的记录：

> 毛泽东："都成历史了！你们剩下一个香港问题，我们现在也不谈。到时候怎么办，我们再商量吧。是年轻一代人的事情了！"①

第一代领导人对香港问题所采取的对港英殖民统治"暂时不动"的方

---

① 中华人民共和国外交部、中共中央文献研究室（编）：《毛泽东外交文选》，中央文献出版社 1994 年版，第 606 页。

针，乃是以三个方面的自信为基础。第一，北京自信在军事力量上具有确保香港领土地位的能力。第二，在对港工作上，北京具有英国政府和港英政权必然同中国政府合作的自信。第三，在香港的未来地位上，毛泽东自信下一代中国领导人必然会找到妥善办法适时收回香港。在这样的政治自信下，新中国在改革开放前的三十余年时间里，"一动不如一静"，充分发挥了香港作为东西方阵营沟通桥梁的作用，安然度过了冷战的最险峻时期。

以邓小平为核心的中国共产党第二代领导人直接主导了中英关于香港回归祖国的谈判，并最终确定了在"一国两制"框架下恢复对香港行使主权的战略构思。"一国两制"的总体设计亦是基于北京在处理香港问题时所具有的四方面自信。第一，在中英谈判过程中，北京曾反复表示具有以各种可能方式收回香港主权的完全自信。这也是中英谈判的基础。第二，北京领导人对于内地改革开放和经济发展具有自信，他们相信在五十年的时间里，内地和香港的经济与制度落差将会极大缩小或者不复存在，在当时而言这是非同寻常的预见。第三，北京对于香港资本主义制度的继续繁荣不会损及中国内地社会主义制度具有自信。第四，北京也对于中国政府能够管控香港的政治发展、"爱国爱港"力量能够管理好香港本地事务具有自信。1997 年之后，中央领导集体延续邓小平处理香港问题的基本思想，落实了邓小平关于"一国两制"的构想，并顺利实现了中国对香港恢复行使主权以及香港特别行政区的创立与初步运作。这都是在自信基础上取得的重要政治成果。

　　随着二十一世纪中国综合国力和国际地位的不断提升，政治自信进一步成为习近平时代中国共产党执政的标志性特征。2012 年，中国共产党第十八次全国代表大会政治报告指出，"中国特色社会主义道路，中国特色社会主义理论体系，中国特色社会主义制度，是党和人民九十多年奋斗、创造、积累的根本成就，必须倍加珍惜、始终坚持、不断发展"，"全党要坚定这样的道路自信、理论自信、制度自信"。2014 年 12 月 20 日，习近平同志在访问澳门大学并参加学生沙龙时指出，"我的体会，要通过传承优秀传统文化增强民族文化自信，弘扬爱国主义精神，做到格物致知、知行合一"。① 这是中央领导人郑重对青年一代提出"民族文化自信"的问题。道路自信、理论自信、制度自信和文化自信，成为中国新的政治乐章中的最强音符。

　　在这个新的高度强调自信的年代，"一国两制"和香港管治同样面临新的变局。第一，对于"一国"与"两制"的关系问题，过去北京刻意避免提及，现在则亟须作出厘清。在自信时代，"一个国家、两种制度"本身即是中国特色社会主义道路、理论和制度——也就是中国整体政治秩序的重要组成部分，北京不可能继续允许任何人将之变作抵抗中国整体政治秩序，甚至颠覆中国基本政治秩序的武器。第二，在自信时代，"两制"之间的关系也亟待厘清。随着时代的变化，"两制"之间的落差急速减小，特别是在中国内地的经济发展大局下，在北京看来，"两制"之间

---

① http://politics.people.com.cn/BIG5/n/2014/1221/c70731-26245965.html.

已逐渐不再是谁比谁优越、谁向谁学习、谁要取代谁的师生或者对抗关系，而应该是互通有无、互为补充、取长补短的合作关系。随着中国主体政治体系的自信程度不断高涨，"两制"之间关系亦将进入合作则双赢、对抗则俱损的新阶段。第三，在自信时代，北京会进一步强调"两制"得以存续和扩展的先决条件是香港社会对"一国"的承认和尊重。作为中华人民共和国境内实行特殊管理制度的特别行政区，接受和维护国家的主体政治秩序自然被北京看作是香港社会的责任，也是北京与香港之间建构政治信任的基石。因此，在此变局之下，唯有建立起中央权力与香港社会之间的高度政治信任，"两制"之间的回旋余地才会更大，"自治"空间才会更灵活，"港人治港"也才能落实得更有效。舍此一端，别无他途。

要构建新的政治信任的基础，关键就在于香港社会能否在未来的时间里与北京建立起健康及良好的工作关系；沟通与交流永远是重建互信的第一步。而欲建立健康及良好的工作关系，转变观念或许是其中最基础的步骤。就香港而言，这起码关涉三方面观念的改变：

第一，香港社会亟须改变自己面对国家主体政治秩序时的历史优越感和或有或无的不以为然心态。回归后的香港，政治上不应再继续是西方国家阵营的一员，而是标准的中国政治体系的组成部分；这是一个无法逆转的政治现实。"一国两制"的安排尊重两制之间的历史差异，但并非意在两制之间区分高下。实际上，今天的国际政治学界已经普遍承认，制度发展本身就是多进程、多通路的，并不存在一种固定的模式。在平等、互信和互相尊重的观念下以合作态度处理两制之间的关系才是符合时代要求的最优选择。

第二，香港社会亟须改变或明或暗的以"高度自治"来抵抗中国影响力、抵制北京管治的观念和做法。既然北京有自信允许香港实行与国家主体不一样的制度，就不会尝试让香港"大陆化"或者强行转变为所谓"一国一制"。香港社会亦需要以高度自信来践行"一国两制"，敞开胸襟与国家主体部分展开交流与合作。僵持于过去的成见，不能展望未来，香港则永远无法前进。

第三，香港社会亦有必要逐步建立起民族自信、国家自信。经过漫长的殖民统治，香港社会对西方抱有微妙的仰慕情绪是可以理解的。回归多年以来，由于香港并没有进行彻底的"解殖"工作，本地华人精英阶层的某些人始终不能放弃以高等华人自居的态度，在西方和中国内地面前都无法以平等姿态不卑不亢地处理彼此关系。北京大学教授强世功曾以精当的语言批评过这一现象。他说：

长期的殖民教育使得香港的部分精英以臣服的心态对西方世界全盘认同，丧失了对香港历史进程的客观判断力、反思力和批判力。他们在自由、平等和民主这些文化价值上，认同香港属于英美西方世界的一部分，而不是中国的一部分，因为他们（包括他们背后的西方世界）根本就抹杀了中国革命对人类平等解放作出的巨大贡献，不承认中国革命在全球范围内对推进民主进程的巨大贡献。换句话说，在文化价值和政治认同上，不少香港精英内心中其实认同英国这个"国"，或美国这个"国"，而不是中国这个"国"。①

　　总之，香港与北京若要在自信年代彼此建立起良好的工作关系，香港社会政治观念的转变是最基础，亦是最重要的工作，应当及早着手进行。而香港本地的知识精英、文化精英和媒体精英应本着对香港未来负责的态度，在这一进程中放下成见、率先垂范，起到引领而非阻碍的作用。

核心问题

　　正如前述，"一国两制"在香港的落实及香港政治走出困境，核心问题在于香港社会如何处理与中央权力的关系。未来，最有利于京港双方的做法显然是通过建立起彼此之间合作共赢、相互尊重、和睦共处的工作关系，来逐步恢复和重建中央权力与边陲社会之间的政治信任，从而为"一国两制"的存续和特区自治空间的扩展创造必要的政治条件和气氛。

　　在这一方面要达至目标，特别需要处理好三组关系。其一，是香港社会与中央政府的关系。其二，是香港社会与特区政府的关系。其三，是特区政府与中央政府的关系。香港社会与中央政府的关系，主要涉及香港社会是否能够建立起中国国家认同及切实回应中央对于主权、安全和发展利益的关切。香港社会与特区政府的关系，主要关涉特区政府能否获得香港

---

① 　强世功：《中国香港：文化与政治的视野》，牛津大学出版社（中国）2008年版，第175页。

社会的认可、能否与香港社会形成良性的互动，并通过与社会各层面的合作逐步改善管治素质。

特区政府与中央政府的关系，则关涉如何处理好"一国"原则下"两制"关系的问题。特区政府作为代表香港社会的执政者，是否具有政治意愿及能够采取有效措施维护北京所关注的领土统一、国家安全、政权稳固和发展利益。同时，是否能够把维护中央权力的核心利益与维护香港社会的根本利益（包括但不限于法定权利与自由、核心价值、生活方式、法治、资本主义制度及高度自治）统一起来，以智慧消解两方面之间可能存在的张力和潜在矛盾。无论未来特区行政长官和立法会的产生办法如何改革，作为完全由港人组成的、行使高度自治权的地方政府，特区政府对于重建香港社会与中央权力之间的政治互信责无旁贷。特区政府尤其需要在建立中国国家认同、维护国家基本政治秩序和尊重北京在港主权及治权方面为香港社会作出表率。唯有如此，"一国两制"才能开创出一片崭新的天地。

在二十一世纪，香港作为特殊的金融中心和国际发达城市，希望在"一国两制"框架下获得更大自治空间、维护自身制度与生活方式的特殊性，这是完全可以理解的，也是在新的形势下践行"一国两制"的可行道路。但是，"一国两制"和高度自治得以巩固和扩展，先决条件必然是香港与北京之间的政治信任得以充分恢复与重构。未来要重建京港之间在"一国两制"框架下的政治信任，以下五个方面的基础政治条件恐怕是必须得到满足的。

第一，香港主流社会承认并接受中国的主体政治秩序。在殖民地时期，香港华人社会对殖民地政权始终保持一定的疏离感，但从总体上讲，对于殖民地的政治秩序和管治结构是认可和接受的。为何回归之后北京始终无法在香港社会建立起管治权威？一方面，这恐怕是由于历史的因缘造成的"恐共"、"拒共"心理，使得香港社会并未完全接受中国的主体政治秩序，但另一方面也与殖民地政府和回归后香港媒体多年以来对内地的妖魔化宣传有莫大关系。实际上，承认和接受中国的主体政治秩序和北京对香港的主权权威，对于香港的自治空间，不但无损而且有益。因为在"一国两制"的框架下，唯有"一国"这个指定动作做好了，"两制"才有更大和更广阔的自由发挥空间。在"一国"的问题没有得到切实保障的情况下，北京和特区政府的注意力都会被牵制到这个最重要的问题上来，因而无益于解决香港所面临的其他更加紧迫的"在地"议题，特别是民生议题。而判断香港社会是否已经承认并接受中国主体的政治秩序，有五项关键要素具有标志性的意义：香港特区作为中国领土一部分的统一性是否稳固、中央政府和中国共产党的执政地位是否得到拥戴、国家主体政治秩序是否得到维护、国家代表标志物是否得到尊重，以及中央政府在港依法行使主权和治权的权威是否得到确立。这五个方面的情况对于衡量和分析香港社会对于国家主体政治秩序的接受度具有重要的标尺意义。

第二，香港主流华人社会建立起稳固的中国国家认同。对统一国家的政治认同是国家安全的基础，也理应是香港社会顺利完成回归过程的必然成果。香港社会同中央政府信任关系的基础和前提亦在于此，无此基础和前提则信任不复存在。因此，在未来的香港政治中，任何希望香港政治走出困局的人士，都需要在国家认同的构建方面做促进者，而不是障碍物、甚至促退者。在香港已经不可逆转地回归中国版图的情况下，建立对中国国家的政治认同对香港巩固其国际地位和继续发挥其经济优势都是必要条件。特别是，稳固的中国国家认同也是中央权力对于香港未来发展进行定位的基础。试想，如果没有巩固的国家认同，香港只会成为外资从中国经济体上吸血的管道，如何能够成为令中国信任的国家级金融中心？这也是北京迄今从未把香港定位为国家级金融中心的主要顾虑之一。要建立稳固的国家认同，就需要尽快、全面、有效地在全香港的中小学开展丰富多彩和形式多样的国民身份认同教育，从源头开始建立起香港未来一代对国家和民族的认同感与自豪感。无论政治派别或意识形态分野，一切对香港的前途命运负责的人士都应该积极支持和促进国民教育在香港特区的尽速展开。

第三，香港社会对国家安全承担起政治和宪制责任。香港是位处中国大陆南部边疆的特殊城市。香港独特的历史造就了今天香港极为复杂的社情、民情。若要在未来同中央权力重建高度的政治信任，香港社会就须在维护国家主体的政权安全和国土安全方面积极承担起政治和宪制责任。实际上，基本法已经授权给香港特区按照自己的法治传统"量身定做"国家安全的立法，未来这一立法过程将由香港特区自行主导、开展广泛的公众咨询、受香港社会全方位监督，不应也不会允许损害香港市民言论、集会、结社、示威、游行等既有的权利和自由的情况发生。只要香港社会真心实意愿意承担起维护国家安全的责任，相信一定能够在基本法二十三条的框架下寻找到国家利益与香港特殊性之间最佳的平衡点并达成政治共识，早日完成此项工作。当然，立法只是第一步。国家安全立法不应该仅仅成为象征性的"纸老虎"，而需要特区行政、执法和司法部门严格依法办事，对于破坏国家安全的行为予以惩处。只有在立法和执行两方面都具有实质效力的国家安全机制，才能真正体现出香港社会维护国家基本政治秩序的决心，有效回应北京的核心利益和底线关切，这也是恢复和重建政治信任的必要条件。如果这一工作始终被香港社会延宕，而北京最终不得不决定自行采取相关措施的话，那么不但无助于恢复信任，反而会对香港已有的自治空间造成大的损害。

第四，"逢中必反"的舆论环境得到根本性转变。香港是享有高度信息和表达自由的地区。在回归之前，由于香港社会习惯性对内地妖魔化的心理和殖民地政府长期的"拒共"宣传，使得香港的舆论环境发生了极大的扭曲。可以毫不夸张地说，今天在全世界范围内，若论"反中"、"反华"言论发表的密度和数量最高的地区，香港应"当之无愧"地居于前列。在这样的舆论环境下，香港社会的大众媒体以竞相报道中国内地的阴暗面为己任，"逢中必反"，对中国内地的方方面面极尽妖魔化之能事。当然，对负面新闻的关注是大众传媒的天性；但是，如此集中地对自己的主权国日复一日、年复一年地进行"轰炸式"的丑化报道，这是世界罕见的。出于爱护香港的自由法治和独特性的善意，1997年以来北京对此保持了极大克制。但如果这样的舆论环境在未来长期得不到根本性的扭转，不但中央与香港社会之间难以形成信任关系，而且对于"一国两制"的影响将是灾难性的。

第五，以"拒中"为标志的社会心态有明显改观，暴力和激进化的"抗中"及"港独"行为得到有效遏制。回归以来，尽管中国的国家实力和国际地位不断上升，世界各国（包括香港的前殖民者英国）都已经开始在新的层面上，以新的姿态同中国展开双边和多边交往；但奇怪的是，香港社会却始终沉迷在其令人骄傲的过去无法自拔，始终拒绝认识中国内地日新月异的发展和变化。因此，香港社会对内地社会的心态在今天仍然体现出浓厚的"冷战"味道，以"反共"、"防共"为主旨。同时，香港社会一部分人不但沉迷于过往的优越感，还不断寻找新的优越感。在此过程中，年轻一代耳闻目睹，对于内地的情绪也极为负面，并开始逐渐把"抗中"行动向暴力化和激进化的方向发展。日益激烈的"反中"情绪和"抗中"行动又被某些政治派别操弄和放大，被社会其他成员默许和姑息，甚至放任和纵容。这些情况都是根本上不利于中央和香港之间建立互信关系的。未来香港政治要走出困局，首先就需要特区政府正视"反中"思潮对香港政治生态的巨大破坏力量、正视激进和暴力化的"抗中"行动对"一国两制"下自治空间的摧毁性危害。如果香港社会"拒中"的社会心态不能得到明显改观，暴力和激进的"抗中"甚至"港独"行动不能得到彻底的遏制，北京将始终无法消除对香港社会的政治和安全顾虑，因而只能对"一国两制"下的治理空间进行更为密切的监督和管束。如果那样的话，香港的政治只能在困局中越陷越深。

总而言之，香港"一国两制"的未来取决于香港社会本身。把希望寄托在内地政治现实和国家根本政治秩序的所谓"突变"之上，绝非对香港的前途和命运负责的态度。试图把"一国两制"这个充分体现政治自信、合作和信任的制度安排变为"反中"、"抗共"的武器，更无异于缘木求鱼。但正是这些不知所谓的政治理念，在过去的十数年间引导着香港政治的公共讨论，并在很大程度上左右了大众传媒和青年学生。这是非常不幸的局面。

面向未来，要解开香港政治所面临的困局，就必须认识到："一国两制"是一个高度交互式的制度安排。中央和香港社会之间的政治信任程度越高、香港主流社会的中国国家认同越稳固、特区对中央的底线关切和核心利益的维护越坚决、特区政府和社会对国家安全的保障越有效，特区所拥有的"高度自治"的程度也就越高、自治空间就越广阔、来自中央的政治约束也就越宽松、特区政制民主化的道路也就会越通畅。香港回归祖国十八年来的历史已经完全印证了本书的这一核心论点；而未来几十年间的香港政治，或乱或治，也必然会遵循这个逻辑向好或向坏的方向发展演变。"一国两制"的未来，真真确确系于香港社会的一念之间。

主权的能见度

未来香港政治要向前行，中央政府和香港特区之间要重建互信，另一个非常重要、不能回避的议题就是如何增强中央政府在港的主权与治权能见度的问题。中央在港主权与治权的能见度问题是香港回归之后一直没有得到充分认识和细致考虑的一个重要议题，在未来必须要提到全面准确落实"一国两制"的日程上来。

在一个多世纪的殖民统治下，港英殖民地政府作为英国政府的派出机构，在政治和行政上听命于伦敦。虽然殖民地与伦敦之间时有政策上的分歧与争论，但这种争议与英国政府内部不同部门之间的争斗毫无二致，并非某些人士所宣称的"殖民地政府"为香港谋取利益。实际上，在殖民地时期，香港的主要任务就是在政治、经济和军事成本最低的条件下为宗主国产出和贡献尽量多的物质价值。伦敦与港督或者在施政路线上会有所分歧，但在执行和捍卫英帝国这一根本利益上是完全一致的。殖民政府基本没有在地性，也有意同其管治下的本地华人社会保持了相当程度的隔离。由于港英殖民政府本身就是英国所宣称的"主权"和实际执掌的"治权"的代表和象征，殖民地政府也是英国政府的直属组成部分，伦敦英帝国政府并不需要在香港保持高能见度的存在。但即便如此，英国政府仍然通过对港督和驻港英军司令的任免、英国政府高级官员的访港、英国君主的到访、英国国家标志的展示和英国国家仪式的举行等不同方式在香港社会的日常生活中不断宣示其作为自我声称的"主权者"的存在。

回归之后，香港的治理格局发生了翻天覆地的变化。1997 年之后，香港已经不再由主权者直接派出政府来进行日常管治；相反，中国在对香港恢复行使主权后，对于本地自治事务是通过一个由本地华人社会自行产生、组成以及为香港社会服务的地方政府来实行间接治理。这样，就将原来单层式的权力结构变成了新的双层结构。在新的双层结构里，对香港进行管治的既有代表主权和中央治权的中央政府，又有负责代表本地社会处理特区行政、立法和司法事务的特区政府，中央政府还依照基本法对执掌日常管理工作的特区政府施政进行监督。在这样的状况下，特区政府有着很强的地方性、社区性和局限性，未必能完全代表中央政府在香港的存在和中央政府在香港的核心利益。中央权力在香港的能见度问题理当成为香港管治中的重要事项。

港英殖民地时期，北京在香港的工作曾面临极为困难的处境，代表中央政治存在的新华社香港分社的政治活动空间受到殖民地政府的重重限制，因此中国政府和中国共产党的对港工作在历史上被迫采取了以隐蔽工作和秘密工作为主的作风；由于体制上的惯性，这一习惯也在香港回归之后被保留和继承下来，一时之间也难以得到及时调整。同时，在落实"一国两制"的最初阶段，中央政府对于自身在香港的能见度问题亦采取了极其克制的态度，这主要是为了保持香港特区在回归之初政治运作上的连续性，避免因过分刺激香港社会而引起震荡。因此，在回归之初，即便是公开代表中央政府在港存在的新华社香港分社（后更名为中央人民政府驻香港联络办公室）也有意尽量避免在社会上进行频繁的公开活动，力图把政治舞台完全交给特区政府。外交部驻港特派员公署也保持在外交专业领域内处理涉港的外交问题、管理各国驻港领事机构和国际组织的驻港代表机构，鲜少对香港社会公开发言。作为中国主权直接象征的中国人民解放军驻港部队更是采取政治上的绝对低调，实行全封闭管理，成为香港市民口中的"隐形部队"，与殖民地时期驻港英军的做派大相径庭。中央政府作出这样姿态的目的是为了照顾香港的历史和现实状况，释放善意，保证回归及过渡期之后香港社会的安宁。故而在回归之初，中央政府在香港社会始终保持了较低的能见度。

在回归初期中央政府在港采取政治低调的做法是必要的，实践证明也有利于新生的香港特区保持政治稳定，同时避免了香港社会因回归而可能产生的恐慌情绪。然而，在当前新的形势下，中央政府在香港的日常社会和政治生活中的"缺席"，对于"一国两制"的落实恐怕也存在一些隐忧。

第一，北京在香港的存在能见度低、地位不明确，可能令中央在港的主权得不到彰显，对于香港潜在的分离和颠覆势力亦很难起到警示作用，双方极易发生政治误判。第二，北京在香港的低能见度亦可能导致中央在港的治权被有意无意地否定和忽视，高度自治下的香港有发展成为独立或半独立政治实体的隐忧。但更主要的是，香港社会也"习惯成自然"，形成了对于"一国两制"下自治空间的过大预期。第三，北京的低能见度，不但没有令"一国两制"运行顺畅，反而使得中央政府所关注的核心利益和底线事项在香港特别行政区得不到适切及有效的表达和维护。第四，北京的低能见度使得香港公共领域中"反中"情绪日渐加强，京港政治信任关系受到破坏，香港主流社会无法构建起国家政治认同。第五，中央政府的低能见度也使得特区政府在大量的政治工作中失去依止，亦缺乏来自北京的直接支持，特区政府在涉及内地与香港关系的问题上尤其举步维艰、动辄得咎，施政十分困难。伴随着今天香港政治和社会形势的新变化，中央政府于回归之初在香港保持低能见度的做法，对于香港的长治久安而言已越来越需要进行相应的调整。

在新的形势下，中央政府在香港的能见度宜有所提高。这一方面能够起到政治"定心丸"的作用，由中央政府为"一国两制"划出清晰界线和订立坚实的底线，纠正香港社会以"两制"对抗"一国"的不正当观念；另一方面能够起到政治"保护闸"的作用，为中央在港的核心利益和底线关切提供切实有效的保障机制，从根本上消除北京在港的政治顾虑，使京港之间得以从头开始、重建政治互信。

中央政府在港的政治能见度在不少方面存在进一步提高的空间。第一，中央驻港机构和国务院对港工作部门作为中央在港的主权与治权的执行机构，在代表中央行使权力和进行工作时，宜逐步改变历史上过于强调低能见度的趋向，实现对港和治港工作的公开化、制度化和常态化。中央人民政府驻港联络办公室是中央的驻港最高机关，亟须在政治上"脱敏"，积极面向香港社会，落实中央权力在香港的日常存在。外交部驻港特派员公署代表中央处理香港和涉港外交事务、管理驻港外交和领事机构，这既是国家外交主权的直接体现，也是特区管治的重要组成部分。外交部驻港公署在处理外交事务时，也适宜因应时代的需要，进一步提高能见度，使香港社会及时获得关于特区对外事务的权威信息，并在突发事件、领事保护、应急救灾等方面加强与香港社会的直接接触和沟通，彰显国家在香港的外交存在。同时，在香港举行国家礼仪活动，及展示国家标志（国旗、国歌、国徽、国家领导人肖像等），既是培养国家认同的重要方式，也是提高主权在香港能见度的重要途径。

北京在港行使主权和治权，往往需要协调各方政治力量。在这一过程中，似宜摒弃"密室政治"、收风传话、"中间人"政治等传统做法，而更多地利用公共空间、公开活动和公众媒介，直接、清晰地向香港社会传递中央政府的想法和声音，赢得社会的支持。在过往的对港工作中，中央为了避免与港英政权发生直接冲突，往往习惯于通过不公开的活动和中间人的方式与香港社会各界（特别是反对派势力）打交道、搜集情况和传递信息。实践证明这种工作方式在回归前和回归初期有利于香港的顺利回归和"一国两制"的落实，但是在新的形势下，中央政府作为国家对香港的主权与治权的行使者，应该尽速完成从隐蔽工作到公开履职的转变。特别是通过香港本地中间人进行信息的搜集和传递，尤其容易出现信息失真和误判，也不利于及时、准确地表达中央政府的政治态度和立场，应该予以转变。总之，中央政府也应在观念上改变把香港视为"敌占区"的惯性思维，把中央在港的各方面协调工作正常化，这也有利于中央在港主权和治权的落实。

中国人民解放军驻港部队是中央在港主权的直接体现，也是香港特区防卫任务的直接执行者，其在治港中的政治作用理应得到发挥。解放军驻港部队是 1993 年 1 月 8 日奉中央军委命令组建，并于 1997 年 6 月 30 日午夜全面进驻香港、接管香港的防卫任务。驻港部队是中国对香港的国防主权的直接体现，也是中国对港治权的行使者之一。根据驻军法，香港驻军防备和抵抗侵略，保卫香港特别行政区的安全；担负防卫勤务；管理军事设施；并承办有关的涉外军事事宜。香港的防卫事务是特区管治的组成部分。另一方面，虽然驻港部队不干预香港特区的地方事务，但驻军法第六条亦规定，当全国人大常委会决定宣布战争状态或因香港发生特区政府不能控制的危及国家统一或者安全的动乱而决定香港特别行政区进入紧急状态时，香港驻军根据中央人民政府决定在香港特别行政区实施的全国性法律的规定履行职责。因此，驻港部队在遂行特区治安勤务方面亦担负有法定角色。这些职责的履行，都属于中央在港政治能见度范畴，也是对中央在港权力的落实，如何进一步发挥驻港部队的政治作用，值得进一步思考。

实际上，多数港人所不了解的是，中央军委在组建驻港部队时尤其注意选拔政治特别过硬、历史特别光荣、战功特别卓著的解放军部队来担任香港的守卫任务。譬如，组成驻港部队步兵旅的部队前身是中国工农红军第一军第一师第一团（即"红一团"）。"红一团"诞生于 1927 年毛泽东亲自领导的"秋收起义"，历经三湾改编、创建井冈山革命根据地、万里长征、抗日战争和解放战争等中国革命全过程，是中国共产党武装力量编成中的嫡系之嫡系。这绝非某些香港媒体认为的仅仅是象征主权、"花拳绣腿"式的礼仪性部队，而是实实在在、能征善战的精锐野战部队。2013年 12 月 26 日，以"香港人优先"组织成员为首的 4 名示威者手持港英殖民地旗帜，呼喊"反对兴建中环军用码头，要求解放军撤出香港"的口号，闯进解放军驻港部队总部大门。这是十分令人诧异也是毫无理智的政治赌博行为。驻港部队对此保持了政治克制，并没有采取应采取的措施。

但驻军发言人明确表示，擅闯军事禁区的行为，严重违反驻军法及香港公安条例等法律，是对驻军的公然挑衅，必须依法惩处。解放军驻港部队还表示，对于此类擅闯军事禁区的行为，将依法采取坚决果断措施，由此引起的一切后果，由其本人负责。[①] 发言明显具有"下不为例"的警告意味。此类公然冲闯军营、挑衅驻港解放军的情况，随着香港社会运动的进一步暴力化和激进化有可能继续发生；这些行为对未来北京与特区的关系以及对香港地方政治影响如何，尚待进一步观察。

香港的位置

在思考香港的未来时，人们往往会问：明天的香港在哪里？这关涉香港在国际和国内两个舞台上的位置。对香港未来位置的判断，也影响到香港政治的走向和香港社会在同北京互动过程中的政治议价能力，以及中央和香港的关系向何处发展的问题。

在过去的一个多世纪里，香港取得的成就是骄人的。在一百多年的沧海桑田中，香港从一个海边渔村发展为世界级的都市，并仍将在今后相当长的历史时期里保持这一领先地位，这毋庸置疑是香港未来位置的基础。1923 年 3 月，当孙中山先生重访香港大学时，这位革命先行者在旧日母校发表了如下的讲词，对香港的赞叹之情溢于言表。略云：

---

① http://www.bbc.co.uk/zhongwen/trad/china/2014/01/140102_hk_pla_barracks.

第6章　未来的香港

　　此次返香港，如返自己家乡一式，因为从前在香港大学读书，其教育是在本港得来。今日乘此时机，答复各位一句。此句云何？即从前人人问我，你在何处及如何得到革命思想，吾今直言答之：革命思想，从香港得来。回忆三十年前，在香港读书，功课完后，每出外游行，见本港卫生与风俗，无一不好，比诸我敝邑香山，大不相同。吾于每年放年假，必返乡二次，每次约数礼拜。觉得在乡间在本港，确大不相悬别。因在乡间要做警察及看更人方可，因斯二者有枪械在手，晚上无时不要预备枪械，以为防备之用。由此可想到香港地方与内地之比较，因为香港地方开埠不过七八十年，而内地已数千年，何以香港归英国掌管，即布置如许妥当因是返香山与父老斟酌，各父老莫不谓然。

　　……现时香港有六十余万人，皆享安乐，亦无非有良好之政府耳。深愿各学生，在本港读书，即以西人为榜样，以香港为模范，将来返国，建设一良好之政府，吾人之责任方完，吾人之希望方达。极望诸生勉之……①

斗转星移，从孙中山到邓小平，香港始终是中国仁人志士眼中内地需要学习的榜样与楷模。但是，也应该承认，到二十一世纪的今天，由于种种主客观原因，香港的经济已经处于逆水行舟、不进则退的境地。这里的原因

---

①　http://100.hku.hk/sunyatsen/address_CHI.html.

是多方面的。

第一，香港的经济腾飞是在冷战的大背景下发生的，是历史的机缘巧合与香港人的精明能干相结合的产物，是所谓"可一不可再"的经历。因此，当东西方冷战对抗结束、中国内地也同样走向改革开放的快车道、全力融入世界市场时，香港曾经独一无二、傲视东亚的竞争力就必然遭逢挑战。第二，随着中国内地快速的发展进步，香港与中国内地在人才素质上的差距也在大幅度缩小，香港的人才优势岌岌可危。如果把内地和香港不同世代的人才进行对比的话，显然可以发现两地人才在受教育程度、国际化视野和专业素质等诸方面的差距均随时间推移在急速缩小，甚至逆转。随着八十年代中国留学政策的开放，整整一代中国年轻人中的精英分子远赴西方发达国家深造，到二十一世纪的今天，他们已经成为国家各行各业的中流砥柱。这些由十三亿人口中选拔出来的优秀分子，经过改革开放时代大潮的洗礼，所焕发出的竞争力是惊人的。第三，随着中国的全方位对外开放，香港担负的中外之间的桥梁作用以及西方企业进入中国大陆的门户角色也被不断削弱。在中国大陆与台湾之间的直接交流快速发展起来后，香港担负的两岸之间中转站的角色亦大为减弱，这都影响了香港作为国际航运和亚洲转口贸易中心的地位。

但更重要的原因恐怕还是香港经济自身所存在的深层结构问题。港英和回归后的香港特区政府放任地产财团垄断，造成世界罕见的房地产业独大现象，形成了香港经济十分畸形的发展结构，不但严重制约了香港的创新能力，而且也在社会上形成了炙热"炒"风；赚快钱成为社会风尚，而实体产业则少人问津，最终形成产业的空心化和泡沫化。特别是在上世纪末和本世纪初，香港没有能够如同其他发达地区一样完成向知识经济的转型，这也大大限制了其在未来的发展空间。同时，香港在二十一世纪以来始终没有培育出新的经济增长点。即便是港府声称的人民币离岸中心和珠江三角洲地区金融中心的建设，在内地和香港缺乏政治互信的情况下，也进展缓慢。实际上，随着香港政治形势的恶化和"反中"情绪的升温，北京在"人民币国际化"的问题上已经逐步采取多通道、全区位的战略，注重分散风险，而并不仅仅把人民币国际化的推进工作限制在香港这个单一通道和舞台上。总体来讲，香港在国家经济版图中的地位在今天已然面临着前所未有的严峻挑战。

就政治地位而言，自八十年代开始，香港的位置也在国家的政治体系中不断更动。香港和澳门回归中国，是历史交给以邓小平为核心的中国共产党第二代领导人的责任。因此，处理香港问题当属邓小平所有工作中的最优先事项之一。据外交部原副部长、新华社香港分社原社长周南回忆：

中英谈判小平同志是幕后总指挥。他亲自抓谈判的各个问题。二十二轮谈判，几乎每次谈判之前都要请示小平；每次谈判后的简报他都要亲自过目。每当谈判陷入僵局，或是遇到涉及国家主权的重大原则问题时，他都作出重要指示。小平同志多次接见英国外交大臣，亲自做他们的工作。

基本法的起草工作，也是在小平同志的直接领导和关怀下进行的。他从一开始就主张基本法起草"宜粗不宜细"，以免给未来特区政府造成被动。他还主张起草工作不要拖得太久，要早日公布，使港人放心。小平同志多次接见起草委员会香港地区委员，针对起草过程中出现的一些关键问题作全面和明确的指示。①

实际上，不但邓小平，而且整个中央工作机构的领导人，在八十年代都广泛接触香港社会各个层面的人士，不厌其烦地向香港各界介绍"一国两制"方针。更重要的是，由于"一国两制"本身是为解决台湾问题而设计的，因此在香港落实"一国两制"的工作被视为针对海峡两岸统一的示范性样板工程，只能成功不能失败。故而香港问题在整个八十年代的中国政治中占有极端重要的地位。

随着 1997 年香港回归的完成，以江泽民为核心的中央领导集体把顺利实现回归后的过渡看作重要的工作，认为不能在自己手里毁掉上一代领导人安排好的港澳工作大局。因此，当时中央领导人对于香港的首要任务是保持平稳过渡，减少干预，以图在回归后保持港澳经济繁荣和社会稳定。但香港问题本身已经在中国共产党的政治议程上逐渐退出全局层面的重要地位。以胡锦涛为总书记的中央领导集体则把香港问题进一步纳入国家日常行政管理的范畴中。即便在 2003 年"二十三条立法"失败后，北京对回归后的香港工作有所加强，香港工作没有、也很难再次成为中央领导层的工

---

① http://cpc.people.com.cn/BIG5/64162/64172/85037/85038/6093013.html.

作重心；特别是在海峡两岸开启直接的政治对话和沟通之后，香港在"一国两制"方面的示范作用也日益消退。2012 年中国共产党十八大之后，香港在中央政府的议事日程上进一步成为日常国家政治的一部分。2014年"占领运动"曾吸引了中共中央一部分的注意力，但运动挫败后就总体工作而言，香港问题的位置仍然没有发生太大的改变。从八十年代到今天，香港问题在中央的政治议程上地位的变化是显而易见的。

　　香港在中国版图中经济地位和政治地位的变化，自然也反映在北京治港的主要关注因素上。在香港回归祖国之前，对于英国殖民者来讲，香港是王室皇冠上的珍珠，因此香港是否能够在政治、军事成本最小的情况下为英国政府贡献足够的经济价值，始终是伦敦和港英政府处理香港管治问题的基本考量。实际上在"六七暴动"期间，港英政府曾经反复考虑并同伦敦商讨在局势恶化时即行撤离香港殖民地的问题，并为此制定了绝密的方案。① 但就中国政府对香港的管治方面，经济上的考虑是次要的——因为香港并不向北京纳税，也不供养驻港部队，香港对于中国内地在经济上的意义主要在于其因为自由和法治而受到保障的经济体制，而非什么具体的物质利益。2011 年 3 月 16 日公布的《中华人民共和国国民经济和社会发展第十二个五年规划纲要》（简称《"十二五"规划纲要》）在港府大力游说下第一次设立港澳专章；即便如此，《"十二五"规划纲要》对港澳经济议题的行文也只限于"支持性"的表述，并未提及香港未来需要在国家

①　　张家伟：《六七暴动：香港战后历史的分水岭》，香港大学出版社 2012 年版。关于港英政府的撤退考虑，见该书第六章。

经济大局中扮演什么具体角色的任何规划或安排。《"十二五"规划纲要》说：

> 继续支持香港发展金融、航运、物流、旅游、专业服务、信息以及其他高增值服务业，支持香港发展成为离岸人民币业务中心和国际资产管理中心，支持香港发展高价值货物存货管理及区域分销中心，巩固和提升香港国际金融、贸易、航运中心的地位，增强金融中心的全球影响力。
>
> 支持港澳增强产业创新能力，加快培育新的经济增长点，推动经济社会协调发展。支持香港环保、医疗服务、教育服务、检测和认证、创新科技、文化创意等优势产业发展，拓展合作领域和服务范围。①

显而易见，这些表述完全没有涉及香港在全国经济大局中应该处于什么位置，或者应该发挥何种特殊作用。在关于粤港合作方面，"十二五"规划纲要也仅简单复述了广东省和特区政府已经达成的共识。显然，在经济问题上，北京远非把香港纳入"全国一盘棋"的规划格局内考虑，所谓香港"被规划"的说法似乎有点夸大其词。就利益而言，北京既没有摧毁香港自由、法治或者经济优势的目的与动力，也没有这样做的必要；相反，北京之所以制定和落实"一国两制"方针，正是为了最大限度地保存香港的

_____

① 国家发展和改革委员会：《中华人民共和国国民经济和社会发展第十二个五年规划纲要》，第 117—118 页。

自由、法治及经济优势，因为只有这样的香港才对中国的改革与发展大局具有作用。

因而，1997 年以后，北京对于香港管治的底线基本是政治上的，即：回归后的香港只要能够保证不成为反华、反共的基地，北京并没有太多政治意愿对其施加不必要的影响和干预——毕竟两地的政治、经济和社会联系已经足够密切，如果国家安全和政权安全的顾虑得以消解、京港之间的政治互信能够重建，北京领导层想来也不愿在香港问题上被分散和牵扯过多精力。当然，在北京看来，也只有能够保障国家安全和政权安全的香港，才能对中国改革开放的整体进程起到积极作用。这个政治底线是高于其他任何经济和利益考虑的。

在二十一世纪的今天，北京所秉持的这一政治底线大略可以分成三个部分：第一，香港不能以任何形式叛离中国国土。这亦意味着任何实质性的分离主义行动将触碰中国的政治底线。第二，香港不能成为反对中国共产党和颠覆中华人民共和国的基地。北京重视香港的金融中心地位，前提就是后者享有信息自由，因此北京支持香港特区享有受法律保护的言论、表达、新闻和出版自由。但北京的界限显然是，香港不能在基本法所赋予的各项自由权利下成为颠覆组织的基地、联络站甚至是前进指挥部。第三，香港不能成为内外"反共和反华势力"勾连的避风港，不能成为西方对华发动"颜色革命"的桥头堡。只要北京足以信任香港社会不会触碰这三条红线，并且香港社会亦有相应政治和法律手段对此作出保证，北京所能够给予香港的自治和民主化空间，甚至会大大高过今天香港人自己最好的想象。香港社会和政治人物如果对这一点没有清楚的认知，就很容易误判形势，犯下不可挽回的错误，铸成大祸。

认受性建设

2014 年发生的"占领运动"，如果仅仅从现实政治角度来讲，是一个彻底的失败；运动之后，香港社会特别是青年群体里弥漫的挫败和无力感也相当显著。但是，若从更为广阔的社会层面和更加长远的时间维度来看，"占领运动"的影响仍然是不可忽视的。第一，运动催生了新的社会运动结构和社会运动网络。香港社会对现状不满的群体得以在新的平台上互通有无、积聚力量，为下一次的抗争活动做好准备。第二，运动也是对整整一代香港年轻人的政治灌输。通过这次运动，香港既有的"民主化"和新生的"本土化"论述被传递到年轻一代，并被逐步激进化，势必成为未来特区管治的重要影响因子。第三，运动完全破坏了香港社会同特区政府之间的信任关系，也进一步摧毁了香港社会的泛民主派以及受到泛民影响的青年群体同北京中央政府的关系。尤其在特区行政长官和立法会的产生方式的深入民主化改革受到阻滞的情况下，可想而知"占领运动"之后特区政府的施政将会极为困难，而重建中央同香港社会之间的政治信任又谈何容易？

在这样困难的政治环境下，香港政治要走出困局，特区政府的认受性建设将成为可以着手的第一步。未来，特区政府的认受性应该集中体现在四个方面，即：中央信任、民众支持、政绩优良、公平正义。中央信任，意味着特区政府能够获得北京的完全信任和授权，对国家的主权、安全和发展利益能够给予坚决维护，对损害北京底线关切事项和破坏北京核心利益的行为能够给予有效制止。民众支持，意味着特区政府要能够得到香港主流社会通过定期选举活动所给予直接或间接的确认；行政长官也要能够深入基层，以柔性的管治手法争取民众支持。政绩优良，意味着特区政府需要在经济发展、社会安定和居民安居乐业方面实现一定的目标、作出成绩，并得到社会的认可。公平正义，则意味着特区政府能够执政出于公心，照顾社会弱势群体，匡扶社会正义，清正廉洁，维护全社会的机会公平。也只有这样一个能够获得香港大多数市民支持的特区政府，才能够真正维护北京的主权和治权，同时为香港提供良好管治，并舒缓"一国两制"下可能存在的政治张力。这样的香港是值得期待的。

结　语

迈向 2047

治港 "新常态"

从 2014 年 9 月 28 日开始的 "占领运动" 到 2015 年 6 月 18 日特首普选制度本地立法失败的时间带，构成了回归后香港政治的分水岭。在 "占领运动" 和 "政改争议" 结束后，香港特别行政区的管治进入到一个新的时代——这也将是未来相当长一段时期内香港政治的 "新常态"。既曰 "新"，那么这一治理状态肯定与过往的治港经验之间存在实质差异；既曰 "常"，则自然表示这一治理状态将在未来相当长一段时期内逐步稳定下来、成为日常化的管治状态。借用北京《经济日报》评论员评述中国经济时的讲法，新常态之 "新"，意味着不同以往；新常态之 "常"，意味着相对稳定。在 "新" 与 "常" 之间，蕴含着香港政治在过去十八年里所发生的潜移默化的变迁以及对其后政治走向的塑造力量。

　　香港政治的"新常态"，头绪多端、纷繁复杂；但若简略而论，它一定会具有至少四个方面不同以往的新特征。第一，香港政治将进入一个以重建政治信任为核心任务的新时代。在治港的"新常态"下，北京与香港之间的政治信任不再被认为是理所当然、天然具备的治港前提，相反会成为香港管治工作的主要政策目标。重建政治信任需要香港社会与北京相向而行，共同采取积极步骤，切实回应彼此的底线关切，有效维护国家的完整统一。没有政治互信，不但"一国两制"所提供的政治空间的存续成疑，香港社会也势必陷入长期政治乱局和社会动荡，最终损及的是香港社会的整体利益。在香港政治的"新常态"之下，能否建立政治信任取决于香港社会是否能够建立中国的国家认同、接受国家的政治秩序、承认国家的管治权威、维护国家的安全利益和尊重国家的代表标志。

　　第二，在香港政治的"新常态"下，治港的基本目标将以维护和保障国家的主权、安全和发展利益为依归，在这个大前提下保持香港的繁荣稳定。新常态的重要标志就是对"一国"与"两制"关系的厘清。在这个政治框架中，北京将越来越强调前者是目的，后者是手段，而北京与香港都会更加注意在政治实践中摆正双方的位置。可以肯定的是，未来，香港政治必然只有在"一国"的核心利益得到有效维护的情况下，"两制"才有充分繁荣发展的可能。而坚持领土统一原则、主权治权不可分原则、文化多元主义原则、地方自治原则和国家认同原则这五项原则将构成治港"新常态"之下，中央权力处理香港管治问题的政治基础。

　　第三，对"一国两制"政治架构的灵活性与互动性的强调和熟练运用将成为治港"新常态"的重要内容。在"新常态"下，香港社会与北京之间的互动关系，将越来越直接地决定"一国两制""港人治港"和高度自治框架的内容、边界及发展趋向。而香港社会和中央权力之间作用力与反作用力所形成的合力，将直接塑造香港政治在不同时期的主要轮廓。正如本书曾论及的那样，中央和特区之间的政治信任程度越高、香港主流社会的中国国家认同越稳固、特区对中央的底线关切和核心利益的维护越坚决、特区政府和香港社会对国家安全的保障越有效，特区所享受的"高度自治"的程度也就将越高、"一国两制"之下的自治空间也就越广阔、来自中央的政治约束也就越宽松、特区政治民主化的通路也就会越畅顺。因此，决定治港"新常态"下香港政治走向的决定因素就是中央权力与香港社会之间的互动状况。

第四，新的世代、新的政治力量不断崛起，并对既有政治体制产生新的冲击，这势将成为香港管治"新常态"所必须面对的主要挑战。香港的年轻一代是城市的未来。随着香港的发展，年轻一代已经逐渐从"借来的时间、借来的地方"这样的殖民地思维中解脱出来。香港对于年轻一代而言不再是中转站，而是安身立命的家园。随着本地身份认同的不断上升，年轻一代中的"本土意识"也开始强化，强调"我是香港人"的声音越来越显著。随着"本土派"的崛起，青年一代中的分离主义、政治自决甚至"港独"意识在未来可能不断上升，成为后"占领运动"世代（"九零后世代"）所尊奉的主要政治论述和意识形态。本土主义政治势力和分离主义意识形态势将成为香港政治"新常态"中所需要处理的重要问题之一。北京与香港青年一代的关系在未来十五年至二十年间向何方向发展，也将决定和塑造未来几十年香港政治"新常态"的主调。

总括而言，香港政治的"新常态"意味着北京的对港政策将从回归前的过渡期和回归初期所奉行的政治上优容、经济上扶植、社会及文化上区隔的政策取态逐渐调整和转向，从根本上改变"五十年不变"等于"五十年不管"的做法，北京对香港事务的处理将逐渐纳入整个国家改革、发展和稳定的大局中来考虑，治港工作亦将逐渐日常化和行政化。中央权力在香港所拥有的主权和治权也将越来越彰显，而对中国的国家安全、政权安全、领土统一和核心利益的关注将成为北京在处理香港事务上的最优先事项——其重要性恐怕将是"压倒一切"的。"一国两制"下的香港究竟会在上述四个方面成为国家治理体系中的破坏性力量还是建设性力量，是北京在未来较长的时间内将认真观察与评估的核心问题。另外，随着新一代年轻的中国精英阶层在政治中的崛起和中国综合国力的进一步跃升，北京对香港治理问题的思路和行为也都有可能随之发生局部或者整体性的变革——而香港社会在这样的大变局中何以自处，将决定香港最终以怎样的姿态走向 2047 年。

"港独"：虚妄与现实

在后"占领运动"时代，北京对香港进行"新常态"管治所面临的重大政治挑战之一，即是由香港本土主义极端势力所催生的"港独"思潮的复兴和以该思潮作为动员基础的新型社会运动。历史上最早的"港独"思想与组织发轫于二十世纪五十年代。1953 年，先施百货少东马文辉成立"联合国香港协会"，矢言要在香港发扬"殖民地自治"精神，建设独立或半独立的政治实体，被认为是"港独"运动的肇端。但七十年代之后，"港独"思潮和运动均被"民主回归"的浪潮取代，几乎被历史所遗忘。在神隐差不多半个多世纪之后，"港独"主义的再露端倪是治港"新常态"下北京所需要应对的新课题。

"港独"主义思潮的再起，乃是循"香港自治运动"和"香港独立建国"两种约略相似但互有差异的话语体系作为基本论述，辅以借自"台湾独立"运动的本土主义、本土优先、本土利益等民粹口号，主要诉求是要在政治、社会和文化层面上切断香港与中国内地的联系，要求实现"香港民族自决"，在香港建立脱离中国管治的独立或半独立的"自治城邦"。在组织方式上，新世代的"港独"主义组织最初往往借助互联网，以快聚快散的形式组成，成员也较为低龄，并使用从"独立建国"、"命运自决"到"全民制宪"、"本土优先"等烈度不一的口号标语。但随着"港独"活动的逐步发展，其成员组织也开始逐渐规范化、常规化，"热血公民"、"港人自决、蓝色起义"、"香港人优先"、"本土民主前线"等社会运动开始频繁公开活动。2015 年 4 月，一个名为"香港独立党"的政治组织在伦敦成立，公开声明其目标是"香港独立、重回英联邦"。同时，本土派的抗争行动也逐渐向更加激进化、有组织化和暴力化的方向发展。无论是焚烧基本法、展示港英殖民地旗帜，还是袭击内地游客、制造爆炸性武器，无不反映了香港的激进反对派运动正在极端化的道路上越行越远。

　　"港独"思潮在香港"九零后"群体中的再起，引起了北京和香港社会的高度关注，也标志着香港政治对抗图景中的主要矛盾极有可能已经发生了三项主要转变。第一，香港政治对抗的主题和主要诉求有可能已从八十年代以来的"争民主、争普选"迅速转变为"争自决、争独立"，香港回归以来的民主之争有可能转化为后"占领运动"时代的"统独之争"。香港发生的政治对抗将首次超出本地范畴，对国家的统一、安全和领土完整产生直接威胁。第二，香港政治对抗的主要形式有可能从 1997 年以来和平、非暴力的社会运动转变成暴力、激进的大规模破坏行动和"勇武抗争"，将对社会安宁、公共秩序和特区管治造成直接威胁。第三，在香港反对派政治力量中一直以来占有主导地位的"民主回归"派（亦即传统意义上的"泛民主派"）有可能已被迅速边缘化，并为更年轻及更激进的政治势力和组织所取代。这三项主要矛盾的转变极有可能会彻底改写香港在二十一世纪的政治图景。

　　就政治现实层面而言，"港独"运动并不具有任何可能性和合理性。第一，香港与中国广东地区同气连枝，自古以来都是中国领土的一部分。虽然经历了一个多世纪的异国殖民统治，香港无论在经济、社会还是地理、文化上都与中国腹地紧密融为一体，不可能进行人为分割。第二，1997 年之后，香港已成为中华人民共和国的一个特别行政区，并处于北京的主权和治权有效管治之下；这个基本的政治现实是不可逆转的，也得到国际社会的一致认可。基本法为保障香港的政治安全提供了足够的法治手段和应变措施。第三，中国政府对于香港的经济、金融、社会甚至居民日常生活具有完全的控制能力。第四，中国人民解放军对于香港具有军事上完全的防卫能力，基本法和驻军法亦从法律层面明确赋予了解放军在抗击外敌入侵及平定香港内乱时所应肩负的使命职能。无论从政治、经济、文化、社会、军事任何方面来讲，香港"独立"都是毫无可能实现的极端虚妄的政治狂想。正如《亚洲周刊》总编辑邱立本在博客上评论到的那样：

> 从台独到港独，都患了历史失忆征候群，或是只有"选择性的记忆"，如港大《学苑》的港独论述，强调香港流行文化中的小说与电影，带来"想象的共同体"，可以成为香港"立国"的基础。但香港人在过去半个世纪的小说与电影的记忆，肯定不能绕过金庸武侠小说和邵氏电影，而这些作品的主题都有强烈的感时忧国情怀，绝对不会同意港独的论述。更不要说从五十年代到七十年代风靡一时的《中国学生周报》《大学生活》《青年乐园》，不管是右派还是左派，都将香港的命运和中国的命运连接在一起，都要为中华民族的命运作出承担……港独的仇恨政治违反了人性，（也）违反了两岸三地绝大部分的民意，也违反了香港人的历史记忆。①

面对新的"港独"思潮和力量的挑战，在香港社会建立新的底线政治共

---

① http://www.yzzk.com/cfm/blogger3.cfm?id=1428551884989&author=%E9%82%B1%E7%AB%8B%E6%9C%AC.

识——"基本法共识"——将成为北京在未来极为紧迫的任务。这个"共识"将要求：在后"占领运动"时代，无论香港的政治力量处于意识形态光谱的什么位置，接受并认同由基本法所厘定的政治秩序、政治规矩和政治原则，应是任何个人和组织参与香港公共政治生活的最低限度的前提条件。因此，"基本法共识"要求香港各政治派别都须以基本法为依归，认同并遵循"一国两制"的基本政治框架，并在基本法提供的空间内完善香港政治的运行，提高管治素质，保持香港的特殊经济地位和生活方式。接受"基本法共识"应当成为香港各政治派别的共同政治底线——这不仅有利于代表香港社会不同利益的政治力量在同一个政治框架内展开互动，也是北京与香港社会重建政治互信的第一步。不接受、不认同"基本法共识"的本地政治力量，在治港"新常态"下不但不应有机会参与北京与香港社会之间的任何政治对话、接触、沟通和协商，而且势必面临来自北京和特区政权的严厉管束。如若香港社会听任甚至纵容"港独"势力进一步发展和蔓延，其结果对香港"一国两制"的健康发展必然具有极大的潜在杀伤力，甚至有可能会断送香港特区的政治未来。

2047：变与不变

当"一国两制"的奠基人为香港的未来谱写蓝图时，他们也为这个没有先例的巨大工程订立了一个期限：五十年。1984 年 12 月 19 日，当中英两国政府在北京签署《中英关于香港问题的联合声明》的时候，中国政府在这份历史性文件中声明，"关于中华人民共和国对香港的上述基本方针政策和本联合声明附件一对上述基本方针政策的具体说明，中华人民共和国全国人民代表大会将以中华人民共和国香港特别行政区基本法规定之，并在五十年内不变"。1990 年 4 月 4 日，国家主席杨尚昆公布《中华人民共和国香港特别行政区基本法》，自 1997 年 7 月 1 日起实施。基本法第五条明确规定，"香港特别行政区不实行社会主义制度和政策，保持原有的资本主义制度和生活方式，五十年不变"。

对于北京而言，五十年的期限是一个承诺，也是一份对未来的期许。当八十年代中英谈判期间，香港前途地位一片迷茫、人心不安，邓小平代表中国最高领导层郑重作出"五十年不变"的承诺，是香港社会在回归前的政治定心丸和止痛剂；但"五十年不变"也是八十年代中国领导人对未来的期许，源自对中国内地自身发展速度的自信，相信两地终究"殊途同归"。但是，随着时间的流逝和世界大势的转变，今天，无论是内地还是香港都早已经不是三十余年前的内地和香港，"再造几个香港"的声音在自信年代已经被新世代孕育出的中国精英阶层与生俱来的道路、理论和制度的自信所替代。日换星移，"一国两制"五十年的期限再次成为香港人心中的又一个"大限"；他们对于 2047 年的到来内心充满焦虑与不安。无论是"加速融合"论还是"民主拒变"论，甚至"独立建国"论，都无不反映出港人面对这个法定的、有形的期限的极度纠结。待得"一国两制"的有效期过后，这城市将如何？

从 2012 年末到 2013 年中，香港特区终审法院的第一任首席法官李国能数次向香港社会提出 2047 年后"一国两制"何去何从的问题。2013
年 5 月，李国能在接受《南华早报》采访时指出，"今后十五至二十年内，
有必要讨论并解决香港在 2047 年之后的未来"。他指出，如果在 2022 年
申请二十五年期的按揭，期满正好是 2047 年。李国能认为，香港的下一
代领导人必须承担起这个责任。只要有关各方都认同"一国"与"两制"
皆为这安排不可或缺的部分，他很乐观香港能够在 2047 年之后继续维持
现有的独立制度，续享人的尊严、核心价值和各项自由。① 社会学家吕
大乐从社会心理的角度进一步提出了香港所应该具有的"2047 视野"。
他写道：

> 香港人不习惯（大概也不喜欢）规划，往往因此也很少会主动想
> 象，究竟三十多年之后的香港将会是一个怎样的面貌。这一种惰性也
> 令我们很少主动提出要求，究竟到了 2047 年我们应该有一个怎样的
> 社会？有怎样的生活？有些什么选择？长期以来，香港人以为市场加
> 上善于行政管理的政府，可以给社会提供指引，随机应变即可，不必
> 对将来想得太多。因此，香港人很难会发展出我个人所主张的"2047
> 视野"，意思是香港人对自己及整个社会抱着什么要求和期望，并尝
> 试朝着这个目标进发。这种视野不再以五十年不变为前提，而是主动
> 构思到了 1997 后的五十年，香港应该是一个什么样的社会，中国应

---

① http://www.nanzao.com/tc/hk macau tw/14c314b566f8ea8/li guo neng-2047-hou xiang gang
yi guo liang zhi zen mo liao-.

该是什么样的国家。对于 2047 年的来临，不应是恐惧的来源，而是建设未来的坐标与时间表。①

诚然，2047 年这个最后期限的存在，为"一国两制"和香港的未来平添了太多种截然不同的可能性。政治学者手中并没有水晶球，足以准确预测几十年之后的人世变换、沧海桑田。然而，今日，我们仍有可能循历史已经模糊呈现出的脉络与逻辑，暂且沙盘推演 2047 年香港政治的三种较为极端的局面。当然，实际政治的发展更可能是在这三者之间的某一点。

第一种局面：在 2047 年之前，北京与香港之间已经重建高度的政治互信，香港社会疏离和抵制中国的集体社会心理发生根本性转变，香港华人社会的中国国家认同得以稳固确立，国家的主权、安全和发展利益被香港社会自觉维护，香港成为中央权力完全信赖的政治边陲。在这样的情况下，"一国两制"不但得以保存，而且与 1997 年相比将得到巨大扩展。香港的特首和立法会均按照循序渐进的路径实现了全民普选，香港的法治传统得到维持，香港的金融中心地位得到加强，北京对香港的管控降低到最小程度，香港成为既属于中国又面向世界的高度自治的现代化自由都市。

第二种局面：在 2047 年之前，香港在 2014 年所面临的政治撕裂没有

---

① 吕大乐：《终于需要面对未来》，《思想》2011 年 9 月第 19 期。

得到愈合，社会上存在的"反中"、"拒中"的集体心理和反对中国主体政治秩序的社会氛围没有得到改善，中国的主权、安全和发展利益仍然得不到保障，本地华人社会的中国国家认同始终无法建立，香港的经济成长已经与内地其他城市持平，甚至大大落后，金融中心地位已被其他城市取代或者分享，北京与香港社会之间的政治信任保持较低水平。在这样的状况下，"一国两制"或者在名义上得以保存但实质内容被重新界定，或者在2047 年 6 月 30 日午夜按时结束。香港成为中华人民共和国境内由中央人民政府实行统一管治制度的一线城市。

第三种局面：在 2047 年之前，香港的政治态势进一步恶化，社会进一步撕裂，反对派动员的、由青年一代参与的社会运动不断激进化、暴力化，并在"反中"或者"港独"旗帜下实现大规模社会团结。在 2047 年前的某一时间节点，香港发生如同"颜色革命"那样的大规模、颠覆性的社会抗议活动，或者发生极端暴力的社会骚乱和叛离活动，中央人民政府宣布特区进入紧急状态、以命令形式将全国性法律适用于香港、中国人民解放军驻港部队接管香港治安勤务，"一国两制"提前结束，香港将在经历一段军事管制时期之后逐渐恢复营商和金融活动，并成为中华人民共和国境内、由中央人民政府直接派员管治的一线城市。

可见，香港在 2047 年的何去何从，直接取决于未来二三十年间香港社会与北京政治互动的状况，以及中央权力与香港社会之间的信任关系是否得以重建。北京同香港社会都应该尽早启动，采取步骤，彼此相向而行，唯有如此才能以命运共同体的姿态一起迈向值得期待的明天。

命运共同体

今天，香港的管治正面临着二十世纪八十年代以来最困难也是最危险的局面。让香港走出困局，是所有关爱这座城市的人们的共同责任。晋朝人葛洪在《抱朴子·用刑》中曾写道，"明治病之术者，杜未生之疾；达治乱之要者，遏将来之患"。要为香港政治寻找一条通向美好未来的坦途，就必须仔细探究今日的困局，辨识其症结、发现其隐患，然后对症下药，方可奏效。这亦正是本书主旨之所在。如今，无论是北京还是香港的有识之士都应已认识到，未来的香港与中国内地之间将是一个"你中有我、我中有你"的命运共同体——两地不但命运与共，而且荣辱与共、利益与共。只有香港社会在观念上确切认识到自己与中国主体政治秩序之间这种命运共同体的关系，"一国两制"的未来才能够走上新的康庄大道。千里之行，始于足下，此其时也。

"一念起关山"[①]。香港的未来实在取决于我们观念模式的转变。在二十一世纪的今天，放弃"冷战"思维，更加积极地看待变化了的中国和世界，是香港政治走出困境的不二法门。毕竟，今日之中国，已不是昨天的中国；今日之香港，亦不是昨天的香港。时移世易，心法亦宜变之。如

---

① 语出南朝文学家沈约的诗《却东西门行》。原诗全文是：驱马城西阿，遥眺想京阙。望极烟原尽，地远山河没。摇装非短晨，还歌岂明发。修服怅边羁，瞻途眇乡谒。驰盖转徂龙，回星引奔月。乐去哀境满，悲来壮心歇。岁华委徂貌，年霜移暮发。辰物久侵晏，征思坐沦越。清氛掩行梦，忧原荡瀛渤。一念起关山，千里顾丘窟。

果香港社会能从历史遗留下来的特殊集体心态中慢慢走出来，走出狭小的"我城"、放眼更广大的天地，能以平常心、平等心和同理心与中国的主体社会相互凝视守望，就一定会发现香港的未来其实阳光明媚。同时，在治港"新常态"中，北京也应该对香港的发展与转变报以足够的耐心、拿出足够的胸襟，以"命运共同体"的姿态努力帮助香港顺利完成自身的调适和转型，为"一个国家、两种制度"在二十一世纪的成功提供最坚实的政治保障。

"治"与"乱"之间的距离看起来很大，但其实又很小。香港这城市的治乱变换，往往就在我们的一念之间。治乱之间，心法紧要。但只要北京与香港能以开放、务实、顺应时代和命运与共的心法看待彼此、面对未来，香港政治就能看到曙光；坚持下去、一以贯之，香港也一定能在 2047 年之后的中国治理版图上继续焕发异彩。光绪二十八年（1902 年）冬天，署理四川盐茶道赵藩曾为成都武侯祠撰写过一副含义隽永的名联，被认为道出了中国治道之精要，值得后世揣摩。读者诸君且允许我冒昧地把这对联中的"蜀"字更换为"港"字来结束这本小书：

能攻心则反侧自消，从古知兵非好战；

不审势即宽严皆误，后来治港要深思。

后　记

　　记得我是在整整十年前第一次踏上香港的土地，那也是我人生中第一次到访地理意义上的中国华南地区。苏东坡说，"日啖荔枝三百颗、不辞常做岭南人"；但在国内国外求学的若干年间，我确实从未预料到有朝一日自己会和岭南这片热土发生怎样的个人联系。白云苍狗，世事难料，人生其实都是由很多偶然组成。十年之间来来往往，香港这个城市也开始在我的生命里留下印记。

　　虽长年身处学术界象牙塔内，我却也没有生活在别处。作为政治学者，我自然总希冀这城市的政治生活也能变得美好——或者她能再少一点焦虑、纷争、恐惧和伤害，而能多一份友情、关怀、理解和同情。作为一个有幸在北京、波士顿和香港三地的三座最著名学府里度过宝贵青年岁月的学人，我想，我是有责任为这个城市写一本书的。

　　因此，这是一本关于香港的过去、现在和未来的小书。它呈现的是在

后 记

经历香港 2014 年"占中"运动和 2015 年"政改争端"之后，我对香港特区政治发展中出现的一些新情况的总体反思以及对"一国两制"在香港实践过程中的观察和思考。本书聚焦于政治信任问题，试图把香港政治中最具争议的政治和政策议题抽丝剥茧、还原到其原初状态。我写作这本小书的心愿是希望为所有真切关怀香港未来的人们开辟一条不同的思考和对话的路径，摆脱香港过往"自说自话"式的讨论和操作习惯，而转向相互了解、相互信任和相互合作的道路，以期为"一国两制"构想在香港的全面准确落实打开全新的政治想象空间。

在此，我要特别感谢人民出版社辛广伟总编辑、联合出版集团文宏武董事长、三联书店（香港）侯明总编辑、中国改革开放论坛王郡里副理事长、北京大学袁明院长和全国政协陈山玲委员等领导和师长对本书出版所给予的亲切关怀和大力支持。衷心感谢人民出版社责任编辑忽晓萌为本书简体中文版的出版所付出的大量心血。感谢三联书店（香港）顾瑜博士对本书简体中文版的面世所给予的协助。本书写作过程中，我在香港大学的研究助理刘冬舒、袁其昌、陈少雄和研究实习生郑浩泓、陈靖轩、朱朗霖不辞辛劳、不厌其烦地为我搜集和整理了大量资料，在此我谨向他们表示衷心谢意。当然，毋庸赘言，本书的所有观点及错漏均完全由我本人负责。

我亦要特别感谢 2009 年以来在北京和香港所有与我就"一国两制"和香港问题交换过意见的师长、同事、朋友和学生。我们之间或许未必每一个观点都一致；但在与你们的交流中，我完全能够感知同一颗深爱香港的心在跳动。我坚信香港也必将在我们所有人共同构成的合力推动下走向更美好的明天。

由于本人的学识和水平均属有限，本书中仍然存在的问题，尚请广大读者不吝指正，以待将来修订。

阎小骏

2016 年 2 月于香港

本书提及的香港重大事件年表

1842 年

清廷与英国签订《南京条约》，把香港岛割让予英国。

1860 年

清廷与英国签订《北京条约》，把九龙半岛界限街以南土地割让予英国。

1898 年

清廷与英国签订《展拓香港界址专条》，把九龙半岛界限街以北、深圳河以南的地方及两百多个离岛租借予英国，为期九十九年。

1967 年

香港左派人士在"文化大革命"的影响下发动对抗港英政府的劳工运动，是为"六七暴动"。当年 5 月，香港人造花厂发生劳资纠纷，工人抗议行动导致警民冲突，并演变成大规模社会运动。之后，香港的工会组织和左派团体成立了"港九各界同胞反对港英迫害斗争委员会"（简称"斗委会"），组织群众反抗英国殖民统治。港英政府予以镇压。其后，殖民地政府一面收紧对香港社会的管控，但亦同时加强对劳工权益的保护，改善社会福利。

1984 年

12 月 19 日，中华人民共和国政府和大不列颠及北爱尔兰联合王国政府在北京签订"联合声明"，指出收回香港地区（包括香港岛、九龙和新界）是全中国人民的共同愿望。中华人民共和国政府决定于 1997 年 7 月 1 日对香港恢复行使主权。联合王国政府于 1997 年 7 月 1 日将香港交还给中华人民共和国。

1989 年

4 月至 6 月，北京发生政治风波。5 月 27 日，香港市民举办"民主歌声献中华"筹款活动，历时八小时。28 日，约 150 万香港市民参与全球华人大游行，对北京学生表示声援。

10 月，港府推出"香港机场核心计划"（又称"玫瑰园计划"），其中包括十项大型公共工程，令中方忧虑港英政府在回归前将会耗尽香港的财政储备。该计划引发中英两国之间的激烈外交争议。

1990 年

4 月 4 日，中华人民共和国主席杨尚昆签署第二十六号主席令，公布《中华人民共和国香港特别行政区基本法》和附件一、二、三，以及香港特别行政区区旗、区徽图案，自 1997 年 7 月 1 日起实施。

英国国会通过《1990 年英国国籍（香港）法案》，授权港督制订方案，允许共 50000 人及其家属获取居英权，由英国内务大臣进行登记。香港总督卫奕信宣布英国国籍甄选计划（即"居英权计划"），主要针对政府公务员，以及对香港有贡献、对香港前途具有重要性的人士，也包括最有能力及动机申请移民的人士。居英权拥有人可随时前往英国定居。

1991 年

9 月 3 日，中英两国政府首脑在北京签署《关于香港新机场建设及有关问题的谅解备忘录》，双方同意港英政府须为未来特区政府留下不少于二百五十亿港元的财政储备，而中国政府支持港英政府举债兴建新的机场。

1997 年

6 月 30 日午夜，中英两国政府于香港会议展览中心新翼举行主权交接仪式，中华人民共和国正式恢复对香港行使主权。同日，中国人民解放军进驻香港，全面接管香港防卫勤务。

7月1日，香港特别行政区正式成立。董建华宣誓就任首任行政长官。

7月至10月，金融风暴席卷亚洲。港元受到国际炒家狙击。

10月，特区政府推出"八万五"房屋政策。特区政府提出每年供应不少于八万五千个住宅单位，希望能使香港七成家庭可以在十年内自行安置居所，并缩短轮候租住公共房屋的时间。

由于亚洲金融危机影响，香港楼价大跌，本地中产阶级"负资产"现象开始出现。

1999 年

6月26日，全国人民代表大会常务委员会就"居港权问题"进行第一次释法，否定了香港特区终审法院在"吴嘉玲案"中对基本法相关条款作出的解释。据维基解密披露的美国外交电文指出，在全国人大常委会释法后，香港特区终审法院五名常任法官曾考虑集体辞职抗议，最终没有实行。

2000 年

8月2日，施君龙与数十名争取居港权人士到入境事务大楼请愿，其后事件失控，演变成纵火案，酿成2死44伤，特区政府高级入境事务主任梁锦光殉职。

2001 年

7 月 20 日，香港终审法院在"庄丰源案"中裁定，父母皆非香港居民、在香港出生的中国籍婴儿（即所谓"双非婴儿"）拥有居港权。判决公布后，全国人大常委会法制工作委员会发出声明，指"香港特区终审法院七月二十日对庄丰源案的判决，与全国人大常委会的有关解释不尽一致，我们对此表示关注"。

10 月 13 日，行政长官董建华向"六七暴动"时期的工联会理事长暨"斗委会"主任委员杨光颁发香港特区最高荣典大紫荆勋章。

2002 年

6 月 26 日，中华人民共和国国务院副总理钱其琛表示中央人民政府希望香港特区尽快依照基本法第二十三条的规定落实国家安全立法。

9 月 24 日，香港特区政府颁布"实施基本法第二十三条咨询文件"。

2003 年

本年春，严重急性呼吸系统综合征（SARS）开始大规模爆发，并在全球范围内蔓延。3 月下旬，淘大花园出现多宗怀疑感染个案，特区政府于 3 月 29 日宣布全港学校停课。

6 月 23 日，世界卫生组织正式将香港从严重急性呼吸系统综合征疫区名单中除名。

由于受到严重急性呼吸系统综合征扩散的影响，香港经济在第二季急速逆转，本地生产总值回落。旅游业及旅游相关行业在第二季因受疫症影响而下挫，消费开支严重下滑、劳工市场显著放缓、相关行业的劳工需求明显缩减。另外，由于内部需求普遍疲弱，边际利润下降、本地价格偏软以及工资和租金下调等因素，住宅物业交投在第二季急跌，综合消费物价指数在本年仍处跌势。

6 月 29 日，中央政府与香港特别行政区政府签署《内地与香港关于建立更紧密经贸关系的安排》（CEPA）。

7 月 6 日，自由党主席田北俊宣布辞去行政会议成员职务，同时表示反对政府就"国家安全法"仓促立法。

7 月 7 日，特区政府决定将"国家安全（立法条文）"条例草案无限期押后恢复二读。

7 月 28 日，第一期"港澳个人游"对广东省四个指定城市（东莞、佛山、中山、江门）的居民率先实施，是为"自由行"政策之开端。

2004 年

4 月 6 日，全国人大常委会就行政长官及立法会选举办法进行第二次释法。

2005 年

2 月，内地在鸡蛋和鸭蛋样本中验出苏丹红。经食物安全中心提出要求后，国家质量监督检验检疫总局同意暂停从湖南省输出鸡蛋到本港。

3 月 12 日，特区首任行政长官董建华请辞。

4 月 27 日，全国人大常委会就补选行政长官进行第三次释法。

6 月 21 日，曾荫权获委任为香港特别行政区第二任行政长官。

2009 年

9 月 1 日，跨境学童数字突破 8000 人，其中幼儿园学生为 2681 人，较 2008 年增加近 5 成；中学生 1267 人，较 2008 年增加近两成。次年，跨境学生人数更已破万。

本年年末至 2010 年初，香港特区政府推出广深港高速铁路香港段计划。

2010 年

1 月，民间组织发起反对广深港高速铁路香港段拨款计划的抗议行动。15 日，反高铁人士冲破警方防线到达香港特区礼宾府后门。

2012 年

1 月 8 日，有网民指在海港城 D&G 分店店外的公众行人路上拍照时被数名海港城保安员禁止及驱赶，但内地人则被准许。后事件经网络传播，演变为较大规模社会抗议行动。

2 月 1 日，《苹果日报》和《爽报》刊登全版彩色广告题为"香港人、忍够了"，反对"自由行"游客抢空奶粉及"双非孕妇"赴港产子。

4 月 26 日，医院管理局停止接受非本地孕妇在该年及次年的预约分娩，确保本地孕妇在公立医院可优先使用产科服务。所有私立医院亦已一致停止接受"双非孕妇"在 2013 年 1 月 1 日或以后的分娩预约。

4 月，特区政府教育局公布《德育及国民教育科课程指引》。

7 月 1 日，梁振英就任香港特别行政区行政长官。

9 月 7 日晚，大批市民穿黑衣到政府总部集会，反对拟议中的国民教育科课程计划。

9 月 9 日，行政长官梁振英宣布取消德育及国民教育科的三年开展期。

10 月 8 日，特首梁振英宣布搁置《德育及国民教育科课程指引》，教育局不再以此作视学依据。

6 月 19 日，新界东北发展计划第三阶段公众咨询正式开始。

9 月 15 日至 18 日，针对区内肆虐的水货客情况，个别网民发起"光复上水"行动。有示威者高举港英政府旗帜。

9 月 18 日晚，特区政府政务司司长林郑月娥宣布港府将采取六项措施加强打击北区的水货活动问题，相关部门包括警务处、入境事务处、海关、地政总署、消防处及食物环境卫生署等；亦会与深圳当局交流情报，加强对付水货客。

2013 年

3 月 1 日起，《2013 年进出口（一般）（修订）规例》开始实施。规例规定离港人士于 24 小时内若携带多于 1.8 公斤，即大约两罐 36 个月以下婴幼儿配方奶粉出境即属违法，一经定罪，最高刑罚为罚款 50 万元及监禁两年。

2014 年

6 月 10 日，国务院新闻办公室发表《"一国两制"在香港特别行政区的实践》白皮书。

8 月 31 日，全国人民代表大会常务委员会颁布"关于香港特别行政区行政长官普选问题和 2016 年立法会产生办法的决定"，对香港特别行政区行政长官的普选制度作出规定。

9 月 22 日，香港大专院校和中学部分学生开始罢课抗议全国人大"八三一决定"。

9 月 28 日，"占领中环"正式启动。其后，运动参与者占领港九核心区域达七十九日。

12 月 15 日，香港警方完成清场，并开通所有被占领的路段。

2015 年

4 月 13 日，公安部决定调整深圳户籍居民访港的签注安排，由"一签多行"变成"一周一行"（即每年最多只能持该签注访港五十二次）。

5 月 31 日，国务院港澳事务办公室主任王光亚、全国人大常委会香港特别行政区基本法委员会主任李飞及中央人民政府驻香港特别行政区联络办公室主任张晓明就 2017 年政制改革方案于深圳会见香港立法会部分议员。

6 月 18 日，香港特别行政区立法会否决特区政府提出的 2017 年特首普选方案。香港特别行政区未能完成行政长官产生办法实行普选制度的本地立法工作。

7 月 1 日，国家主席习近平签署第二十九号主席令，公布施行《中华人民共和国国家安全法》。该法第十一条规定，"维护国家主权、统一和领土完整是包括港澳同胞和台湾同胞在内的全中国人民的共同义务"。第四十条第三款规定，"香港特别行政区、澳门特别行政区应当履行维护国家安全的责任"。

2047 年

6 月 30 日午夜，中英联合声明和香港特别行政区基本法中关于"一国两制"方针"五十年不变"的有关条款到期。香港政治将迈向新的阶段。

责任编辑：忽晓萌

图书在版编目（CIP）数据

香港治与乱：2047 的政治想象／阎小骏 著．—北京：
人民出版社，2016.6（2019.8 重印）
ISBN 978－7－01－016197－6

I.①香…　II.①阎…　III.①政治－研究－香港　IV.① D676.58

中国版本图书馆 CIP 数据核字（2016）第 096820 号

本书由三联书店（香港）有限公司授权出版，仅限中国大陆地区销售。

香港治与乱
XIANGGANG ZHI YU LUAN
——2047 的政治想象

阎小骏 著

人民出版社 出版发行
（100706　北京朝阳门内大街 166 号）

中煤（北京）印务有限公司印刷　新华书店经销

2016 年 6 月第 1 版　2019 年 8 月北京第 3 次印刷
开本：710 毫米 ×1000 毫米 1/16　印张：14
字数：155 千字

ISBN 978－7－01－016197－6　定价：32.00 元

邮购地址 100706　北京朝阳门内大街 166 号
人民东方图书销售中心　电话（010）65250042　65289539